studio d A1

Deutsch als Fremdsprache

Kurs- und Übungsbuch | Teilband 1

von
Hermann Funk
Christina Kuhn
Silke Demme
sowie
Oliver Bayerlein

Phonetik:
Beate Diener
und Beate Lex

studio d A1
Deutsch als Fremdsprache
Kurs- und Übungsbuch | Teilband 1

Herausgegeben von Hermann Funk

Im Auftrag des Verlages erarbeitet von Hermann Funk, Christina Kuhn, Silke Demme sowie Oliver Bayerlein

In Zusammenarbeit mit der Redaktion:
Gertrud Deutz, Andrea Finster (verantwortliche Redakteurin), Dagmar Garve, Gunther Weimann (Projektleitung)

Phonetik: Beate Lex und Beate Redecker

Beratende Mitwirkung:
Carla Christiany, Universität Bologna; Peter Panes, Schwäbisch Hall; Hans-Werner Schmidt, Istanbul; Ralf Weißer, Prag

Illustrationen: Andreas Terglane
Layoutkonzept: Christoph Schall
Layout und technische Umsetzung: Satzinform, Berlin
Umschlaggestaltung: Klein & Halm Grafikdesign, Berlin

Weitere Kursmaterialien:

Audio-CD:	ISBN 978-3-464-20769-7
Kassette:	ISBN 978-3-464-20778-9
Vokabeltaschenbuch:	ISBN 978-3-464-20786-4
Sprachtraining A1:	ISBN 978-3-464-20812-0
Video A1 (VHS mit Übungsbooklet):	ISBN 978-3-464-20726-0
Video A1 (DVD mit Übungsbooklet):	ISBN 978-3-464-20831-1
Übungsbooklet 10er Paket:	ISBN 978-3-464-20821-2
Unterrichtsvorbereitung (Print):	ISBN 978-3-464-20837-3
Unterrichtsvorbereitung (auf CD-ROM):	ISBN 978-3-464-20746-8

www.cornelsen.de

Die Links zu externen Webseiten Dritter, die in diesem Lehrwerk angegeben sind, wurden vor Drucklegung sorgfältig auf ihre Aktualität geprüft. Der Verlag übernimmt keine Gewähr für die Aktualität und den Inhalt dieser Seiten oder solcher, die mit ihnen verlinkt sind.

1. Auflage, 10. Druck 2013

Alle Drucke dieser Auflage sind inhaltlich unverändert und können im Unterricht nebeneinander verwendet werden.

Druck: Himmer AG, Augsburg

ISBN 978-3-464-20765-9

PEFC zertifiziert
Dieses Produkt stammt aus nachhaltig bewirtschafteten Wäldern und kontrollierten Quellen.

www.pefc.de

Symbole

Hörverstehensübung,
40 CD/Kassette, Track 40 auf der Kursraumversion

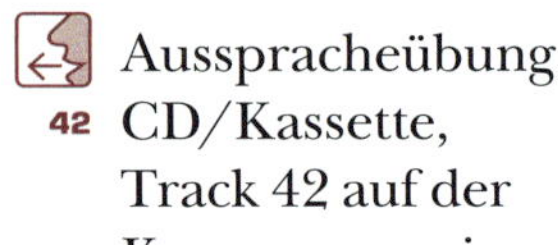
Ausspracheübung,
42 CD/Kassette, Track 42 auf der Kursraumversion

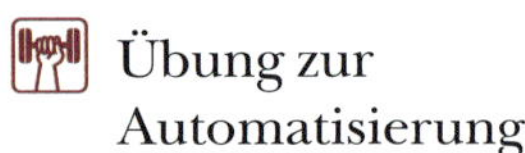
Übung zur Automatisierung

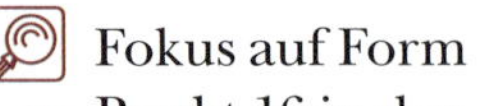
Fokus auf Form
16 Punkt 16 in der Grammatik (Anhang)

studio d – Hinweise zu Ihrem Deutschlehrwerk

Liebe Deutschlernende, liebe Deutschlehrende,

Das Lehrwerk **studio d** erscheint in zwei Ausgaben: einer dreibändigen und einer sechsbändigen. Sie blättern gerade im ersten Band der sechsbändigen Ausgabe. **studio d** orientiert sich eng an den Niveaustufen des Gemeinsamen europäischen Referenzrahmens. Band 1 und 2 führen zur Niveaustufe A1, Band 3 und 4 zu A2 und der fünfte Band (identisch mit dem dritten Band der dreibändigen Ausgabe) führt Sie zum *Zertifikat Deutsch*.

Das Kursbuch und der Übungsteil studio d A1

In *Start auf Deutsch* erhalten Sie einen ersten Einblick in die deutsche Sprache und das Leben in den deutschsprachigen Ländern. Das Kursbuch gliedert sich in sechs Einheiten mit thematischer und grammatischer Progression. Der Übungsteil folgt unmittelbar nach jeder Kursbucheinheit und schließt mit einer Überblicksseite „Das kann ich auf Deutsch". In transparenten Lernsequenzen bietet **studio d** Ihnen Aufgaben und Übungen für alle Fertigkeiten (Hören, Lesen, Schreiben, Sprechen). Sie werden mit interessanten Themen und Texten in den Alltag der Menschen in den deutschsprachigen Ländern eingeführt und vergleichen ihn mit Ihren eigenen Lebenserfahrungen. Sie lernen entsprechend der Niveaustufe A1, in Alltagssituationen sprachlich zurechtzukommen und einfache gesprochene und geschriebene Texte zu verstehen und zu schreiben. Die Erarbeitung grammatischer Strukturen ist an Themen und Sprachhandlungen gebunden, die Ihren kommunikativen Bedürfnissen entsprechen. Die Art der Präsentation und die Anordnung von Übungen soll entdeckendes Lernen fördern und Ihnen helfen, sprachliche Strukturen zu erkennen, zu verstehen und anzuwenden. Die Lerntipps unterstützen Sie bei der Entwicklung individueller Lernstrategien. In der *Station 1* finden Sie Materialien, mit denen Sie den Lernstoff aus den Einheiten wiederholen, vertiefen und erweitern können.
Da viele von Ihnen die deutsche Sprache für berufliche Zwecke erlernen möchten, war es für uns besonders wichtig, Sie mittels unterschiedlicher Szenarien in die Berufswelt sprachlich einzuführen und Ihnen Menschen mit interessanten Berufen vorzustellen.
Auf der Audio-CD, die dem Buch beiliegt, finden Sie alle Hörtexte des Übungsteils. So können Sie auch zu Hause Ihr Hörverstehen und Ihre Aussprache trainieren. Im Anhang des Kursbuchs finden Sie außerdem eine Übersicht über die A1-Grammatik, eine alphabetische Wörterliste, die Transkripte der Hörtexte, die nicht im Kursbuch abgedruckt sind, und einen Lösungsschlüssel.

Die Audio-CDs/-Kassetten

Die separat erhältlichen Tonträger für den Kursraum enthalten alle Hörmaterialien des Kursbuchs. Je mehr Sie mit den Hörmaterialien arbeiten, umso schneller werden Sie Deutsch verstehen, außerdem verbessern Sie auch Ihre Aussprache und Sprechfähigkeit.

Das Video

Der Spielfilm zum Deutschlernen kann im Unterricht oder zu Hause bearbeitet werden. Im Video lernen Sie eine Gruppe junger Leute im Umfeld von Studium, Job, Praktikum und Freizeit kennen. Die Übungen zum Video finden Sie in den Stationen. Weitere Übungen finden Sie auf der CD-ROM *Unterrichtsvorbereitung interaktiv*.

Der A1-Trainer und die Lerner-CD-ROM

Umfangreiche Materialien für alle, die noch intensiver im Unterricht oder zu Hause üben möchten.

Das Vokabeltaschenbuch

Hier finden Sie alle neuen Wörter in der Reihenfolge ihres ersten Auftretens. In den zweisprachigen Glossaren werden die neuen Wörter in Ihre Muttersprache übersetzt.

Wir wünschen Ihnen viel Spaß und Erfolg beim Deutschlernen mit **studio d**!

Inhalt

Grammatik	Aussprache	Lernen lernen
das Alphabet	Wortakzent in Namen	internationale Wörter in Texten finden Wörter sortieren
Aussagesätze Fragesätze mit *wie, woher, wo, was* Verben im Präsens Singular und Plural, das Verb *sein* Personalpronomen und Verben	Wortakzent in Verben und in Zahlen	mit einem Redemittelkasten arbeiten eine Grammatiktabelle ergänzen
Nomen: Singular und Plural Artikel: *der, das, die / ein, eine* Verneinung: *kein, keine* Komposita: *das Kursbuch*	Wortakzente markieren Umlaute *ä, ö, ü* hören und sprechen	mit Wörterbüchern arbeiten Lernkarten schreiben Memotipps eine Regel selbst finden
Präteritum von *sein* W-Frage, Aussagesatz und Satzfrage	Satzakzent in Frage- und Aussagesätzen	eine Regel ergänzen eine Grammatiktabelle erarbeiten Notizen machen
Possessivartikel im Nominativ Artikel im Akkusativ Adjektive im Satz Graduierung mit *zu*	Konsonanten: *ch* Wortakzent bei Komposita etwas besonders betonen (Kontrastakzent)	Wortschatz systematisch: Wörter nach Oberbegriffen ordnen, Wörternetze machen, eine Lernkartei anlegen
Selbstevaluation: Wortschatz – Grammatik – Phonetik; Videostation 1		
Fragesätze mit *Wann?, Von wann bis wann?* Präpositionen und Zeitangaben: *am, um, von ... bis* trennbare Verben Verneinung mit *nicht* Präteritum von *haben*	Konsonanten: *p, b, t, d / k, g* Satzmelodie in Fragesätzen	mit Rollenkarten arbeiten Übungszeitpläne
Präpositionen: *in, neben, unter, auf, vor, hinter, an, zwischen, bei* und *mit* + Dativ Ordnungszahlen	Konsonanten: *f, w* und *v*	ein Wortfeld erarbeiten Notizen machen im Kalender

Inhalt	Themen und Texte	Sprachhandlungen
7 Berufe	Beruf und Alltag Texte: Visitenkarten, Wörterbuchauszüge Wortfelder: Berufe und Tätigkeiten	über Berufe sprechen Tagesabläufe und Tätigkeiten beschreiben jemanden vorstellen (im Beruf) eine Statistik auswerten
8 Berlin sehen 	eine Exkursion durch Berlin Orientierung in der Stadt Projekt „Internetrallye“ Texte: Busplan, Stadtplan, Postkarte, Exkursionsprogramm Wortfelder: Tourismus, Kultur	nach dem Weg fragen / den Weg beschreiben von einer Reise erzählen eine Postkarte schreiben
Station 2	Berufsbilder: Sekretärin, Automechaniker; Wörter – Spiele – Training; 	
9 Ferien und Urlaub 	Urlaub in Deutschland der Donauradweg ein Fahrradunfall Texte: Fahrradkarte, Ferienkalender, Lied, Reportage mit Statistik Wortfelder: Ferien und Urlaub, Familie, Monatsnamen, Unfall	über Ferien und Urlaub sprechen einen Unfall beschreiben einen Ich-Text schreiben
 **10 Essen und trinken** 	auf dem Markt / im Supermarkt Essgewohnheiten Texte: Werbung, Zeitungsartikel, Haushaltstipp, Kochrezept Wortfelder: Lebensmittel einkaufen, Maße und Gewichte, Mahlzeiten und Gerichte	einkaufen: fragen und sagen, was man möchte / nach dem Preis fragen und antworten über Essen sprechen: sagen, was man (nicht) gern mag/isst/trinkt ein Rezept verstehen und erklären
11 Kleidung und Wetter 	Mode beim Kleiderkauf Wetter Texte: Wetterbericht, Lied Wortfelder: Kleidung, Farben, Wetter	über Kleidung sprechen / Kleidung kaufen / Farben und Größen angeben Wetterinformationen verstehen über Wetter sprechen
12 Körper und Gesundheit 	Körper und Sport bei der Hausärztin Emotionen Texte: Werbeanzeigen, Ratgeber, Liebesbrief Wortfelder: Körperteile, Krankheiten	Körperteile benennen sagen, was man hat und was wo wehtut Empfehlungen und Anweisungen geben einen Brief schreiben
Station 3	Berufsbilder: Reiseverkehrskauffrau, Krankenpfleger; Themen und Texte;	
Anhang	Modelltest „Start Deutsch 1“; Grammatik; Phonetik;	

Start auf Deutsch

1 Deutsch sehen und hören

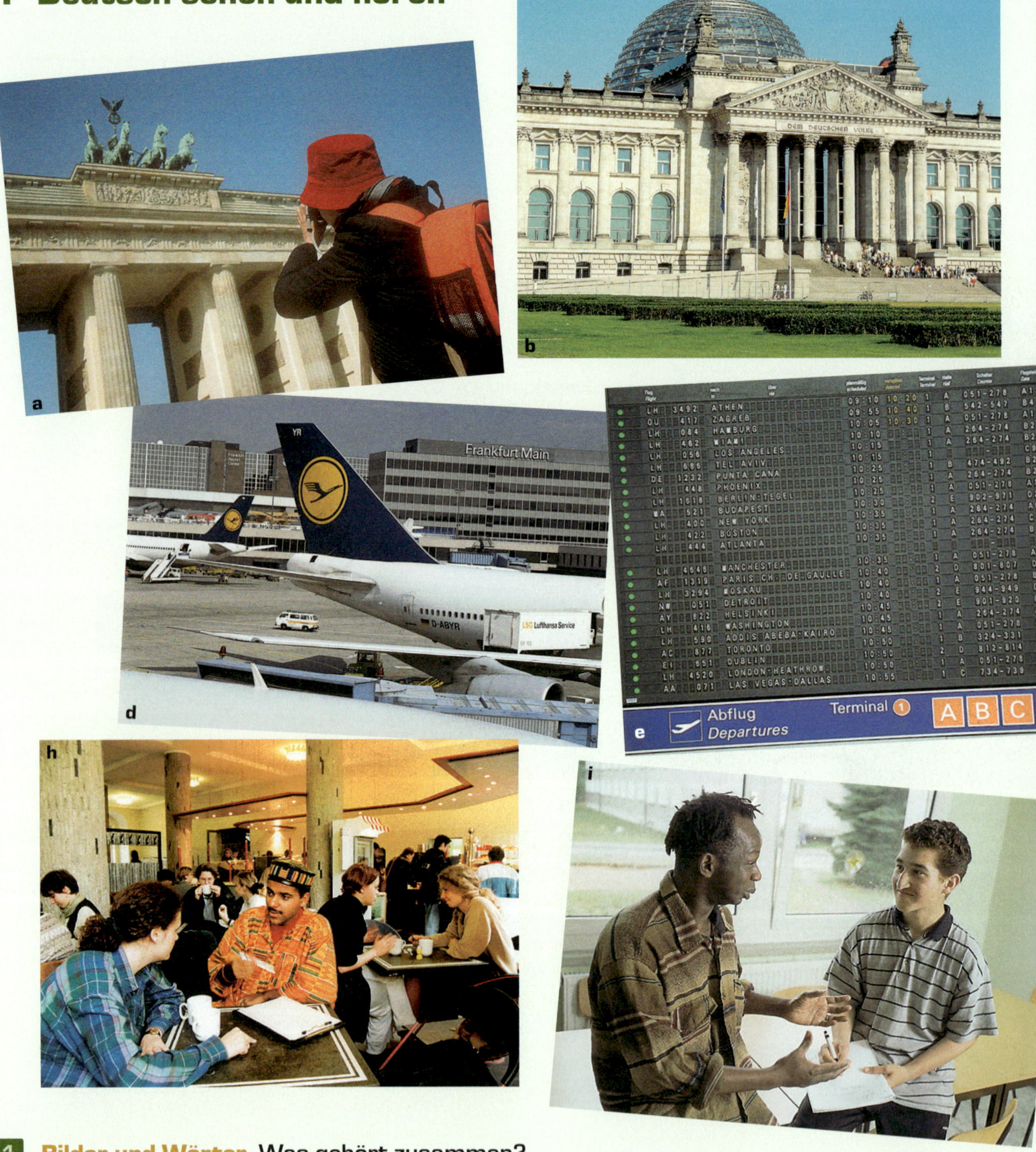

1 **Bilder und Wörter.** Was gehört zusammen?

Musik ▢ Reichstag/Berlin ▢ Touristen ▢ Büro ▢ Supermarkt ▢ Telefon ▢
Kurs ▢ Rhein-Main-Airport/Frankfurt ▢ Kaffee ▢ Computer ▢
Cafeteria ▢ Oper ▢ Espresso ▢ Airbus ▢ Euro ▢ Orchester ▢ Schule ▢

2 Wie heißen die Wörter in Ihrer Sprache?

Hier lernen Sie

- internationale Wörter auf Deutsch verstehen
- jemanden begrüßen
- sich und andere vorstellen
- nach Namen und Herkunft fragen
- das Alphabet und buchstabieren
- Wortakzent in Namen

c

f

g

j

k

 2

Bilder und Töne.
Hören Sie. Wo ist das? Was kennen Sie? Wörter in Ihrer Sprache?

Das ist Bild ...

 3

Vier Sprecher. Wer kommt aus Deutschland?

2 Im Kurs

4 **1 Hören Sie den Dialog.**

■ Guten Tag! Ich bin Frau Schiller.
Ich bin Ihre Deutschlehrerin.
Wie ist Ihr Name?
◆ Hallo, mein Name ist Cem Gül.
■ Und woher kommen Sie?
◆ Aus der Türkei.
■ Wie heißen Sie?
● Ich heiße Lena Borissowa.
Ich komme aus Russland.
■ Und wie heißen Sie?
▲ Mein Name ist Ana Sánchez.
Ich komme aus Chile.
■ Und Sie?
▼ Ich bin Alfiya Fedorowa
aus Kasachstan.
■ Und wer ist das?
▼ Das ist Herr Tang.
Er kommt aus China.

5 **2 Fragen und Antworten. Hören Sie und sprechen Sie nach.**

3 Und Sie? Wie heißen Sie? Woher kommen Sie?

4 Partnerinterview

a) Fragen und notieren Sie.

Wie heißen Sie? ....

Woher kommen Sie? ....

b) Berichten Sie im Kurs.

Das ist ...

Er/Sie kommt aus ...

6 **5 Hören und lesen Sie.**

■ Herr Gül, wo wohnen Sie jetzt?
◆ Ich wohne in Frankfurt.
■ Frau Sánchez, wo wohnen Sie?
● Auch in Frankfurt.
■ Und Sie, Frau Borissowa, wo wohnen Sie?
▲ In Bad Vilbel.
■ Wo wohnt Herr Tang?
▲ Er wohnt in Bad Homburg.

6 **Ordnen Sie zu.**

Wie ist Ihr Name?	1	a	Aus Chile.
Wo wohnen Sie?	2	b	Ana Sánchez.
Woher kommen Sie?	3	c	In Frankfurt.

7 **Personalangaben. Ordnen Sie eine Person aus Aufgabe 1 und Aufgabe 5 zu und ergänzen Sie.**

1. Name? ....
   Woher? Aus Russland.
   Wo? In Bad Vilbel.

2. Name? ....
   Woher? Aus Kasachstan.
   Wo? In Frankfurt.

3. Name? ....
   Woher? Aus der Türkei.
   Wo? ....

4. Name? ....
   Woher? Aus China.
   Wo? ....

8 **Und Sie? Ergänzen Sie.**

Name? ....
Woher? ....
Wo? ....

9 **Ergänzen Sie den Redemittelkasten mit den Wörtern aus Aufgabe 1 und Aufgabe 5.**

Redemittel

Begrüßung	Name?	Vorstellung	Woher?
Guten Tag!	*Wie heißen Sie?*	*Ich heiße*	....
....	....	....	....
....	....	....	....
....	....	....	....

3 Das Alphabet

7 **1** **Der Alphabet-Rap.** Hören Sie und machen Sie mit.

2 Buchstabieren Sie Ihren Namen. Die Gruppe schreibt.

8 **3** **Städtediktat.** Hören Sie. Schreiben Sie die Städtenamen.

1. ....
2. ....
3. ....
4. ....
5. ....
6. ....
7. ....
8. ....

4 **Abkürzungen.** Was ist das? Ordnen Sie zu.

Transport/Auto	TV/Computer
....	....
....	....
....	....
....	....
....	....

9 **5** Hören Sie die Dialoge. Notieren Sie die Namen.

1. ....
2. ....
3. ....

6 **Spiel.** Namen buchstabieren und notieren.

7 **Familiennamen in Deutschland – die Top 10.**
Und bei Ihnen?

8 **Die Top 5 der Vornamen in Deutschland.** Hören Sie die Namen.
10
Welche Silbe ist betont? Ordnen Sie.

1. Silbe betont	2. Silbe betont	3. Silbe betont
'Anna	....	....
....	....	....
....	....	....
....	....	....
....	....	....
....	....	....

Nr.	Vorname
	Jungen
1	Alexander
2	Maximilian
3	Paul
4	Leon
5	Lukas
	Mädchen
1	Marie
2	Sophie
3	Maria
4	Anna
5	Laura

9 Hören Sie noch einmal und sprechen Sie nach.
10

10 Welche Vornamen aus Deutschland, Österreich und der Schweiz kennen Sie?

11 **Vornamen international.** Was sind Ihre Favoriten?

4 Internationale Wörter

1 **Schnell lesen.** Hier sind zehn Wörter. Zu welchen Texten passen sie? Ordnen Sie zu.

studieren ■ Hobbys ■ Musik ■ Universität ■ Rhein-Main-Airport ■ Familie ■ Ski fahren ■ Spanisch ■ Frankfurt ■ Job ■ Oper ■

1. Das ist **Markus Bernstein**. Herr Bernstein ist 42 Jahre alt. Er wohnt mit seiner Familie in Kronberg. In 30 Minuten ist er am Airport in Frankfurt. Er ist Pilot bei der Lufthansa. Herr Bernstein mag seinen Job. Er fliegt einen Airbus A 320. Heute fliegt er von Frankfurt nach Madrid, von Madrid nach Frankfurt und dann Frankfurt–Budapest und zurück. Er spricht Englisch und Spanisch.

2. **Ralf Bürger** ist Student an der Friedrich-Schiller-Universität in Jena. Das ist in Thüringen. Ralf studiert Deutsch und Interkulturelle Kommunikation. Er ist im 8. Semester. Seine Freundin **Magda Sablewska** studiert auch Deutsch, im 4. Semester. Magda ist aus Polen, aus Krakau. Ralf ist 26, Magda 23 Jahre alt. Magda spricht Polnisch, Deutsch und Russisch. Ralf spricht Englisch und ein bisschen Polnisch.

3. **Andrea Fiedler** ist seit 1999 bei Siemens in München. Vorher war sie drei Jahre für Siemens Medical Dept. in Singapur. Sie ist Elektronikingenieurin, Spezialität: Medizintechnologie. Sie spricht Englisch, Französisch und ein bisschen Chinesisch. Sie wohnt in Erding bei München. Sie mag die Alpen. Ski fahren ist ihr Hobby – und ihr BMW!

4. **Milena Filipova** ist 35. Sie lebt seit zehn Jahren in Wien. Sie ist Musikerin und kommt aus Nitra. Das ist in der Slowakei. Sie spielt Violine und gehört zum Ensemble der Wiener Staatsoper. Sie findet Wien fantastisch: die Stadt, die Menschen, die Restaurants, die Donau, die Atmosphäre im Sommer, die Cafés. Um 20 Uhr hat sie heute ein Konzert.

2 Internationale Wörter verstehen. Wählen Sie einen Text aus Aufgabe 1 aus: Wie viele Wörter verstehen Sie? Notieren Sie.

Markus Bernstein	Ralf Bürger / Magda Sablewska	Andrea Fiedler	Milena Filipova
....	Student	....	....

3 Sortieren Sie die Wörter.

Technik	Job	Sprachen	Musik	Geografie	Tourismus	andere
....	....	....	....	....	....	....
....	....	....	....	....	....	....

4 Internationale Wörter – deutsche Wörter.

Eine Zeitungscollage im Kurs machen.

tip MAGAZIN

Gastro Scheck

TOMASA

2 für 1 Tapas

Mit diesem Coupon zahlen Sie nur die teurere Portion und erhalten eine zweite gratis dazu – z.B. ... eingelegter Schal mit Knoblauch u. Kräutern, Hähnchenbrust in Currysauce m Sherry, Rosmarinkartoffeln mit Chili ...

- Wartburgstraße 19, Schöneberg, 8-2 Uhr
- Hauptstraße 85, Schöneberg, 9-2 Uhr
- Motzstraße 60, Schöneberg, 8-2 Uhr

Gültig bis zum 30.09.2002

TIP 17/02

UNTERNEHMEN

Monopoly ums Ferien-Imperium

TUI unter Druck: Wollen die milliardenschweren Tchibo-Erben Europas größten Touristikkonzern übernehmen, um ihn dann zu zerschlagen?

KEIN SKLAVE DES DANCEFLO

Oliver Stumm vom New Yorker Produzentenduo über Clubs, Ibiza und Konzepte Interview: Ulf Lippitz

Welche Platten fanden Sie für die Club-Kultur 2003 spannend?

Mir gefielen die Platten von The Rapture und A.R.E. Weapons. ... Newcomer war Mu – eine Elektro...

legt. Kult... Lifestyle-... alle nach... Auflegen derselben ...

KINO-CENTER 15.8. bis 21.8.

Multiplexe, Kino-Center und City-Kinos können ihr Programm nur für die erste Woche des Heftzeitraums angeben. Das Programm der zweiten Woche vom 22. bis 28.8. finden Sie unter www.tip-berlin... Adressen ab Seite 145

Reformer contra Reformer

Der Streit zwischen Wirtschaftsminister Wolfgang Clement und Arbeitsamtschef Florian Gerster eskaliert: Beide haben unterschiedliche Pläne für den Umbau des Nürnberger Apparats.

5 Frankfurt am Main

Landeskunde

Frankfurt am Main – ein globaler Marktplatz

Frankfurt am Main hat mit seinen 646 000 Einwohnern das Flair einer internationalen Minimetropole. 26 % der Einwohner kommen aus dem Ausland. Die Skyline ist ein Symbol für die Dynamik und die Internationalität der Stadt. Frankfurt ist mit seinen Banken und dem Rhein-Main-Airport, der Basis der Lufthansa, ein globaler Marktplatz. In Frankfurt ist die Heimat des Euro (€), die Europäische Zentralbank. Das Mainufer ist ein Skaterparadies, dort gibt es auch das Deutsche Filmmuseum, das Deutsche Architekturmuseum und das Jüdische Museum.

1 Café d

1 Treffen im Café

a

b

c

11 Ü1

a) Hören Sie die Gespräche. Worüber sprechen die Leute? Sammeln Sie Wörter.

b) Hören Sie die Gespräche noch einmal und lesen Sie mit.

Hier lernen Sie

- jemanden kennen lernen: ein Gespräch beginnen
- sich und andere vorstellen
- Zahlen von 1 bis 1000
- etwas im Café bestellen und bezahlen
- Telefonnummern verstehen
- Fragesätze mit *wie, woher, wo, was*
- Verben, Präsens Singular und Plural, *sein*
- Wortakzent in Verben und in Zahlen

c) Ordnen Sie die Gespräche den Fotos zu.

d) Üben Sie im Kurs.

1. ▢

Samira: Entschuldigung, ist hier noch frei?
Katja: Ja klar, bitte. Sind Sie auch im Deutschkurs?
Samira: Ja, im Kurs A1. Ich heiße Samira Sundaram. Ich komme aus Indien.
Katja: Ich bin Katja Borowska aus Russland.
Samira: Was trinken Sie?
Katja: Ehmmm, Orangensaft.
Samira: Zwei Orangensaft, bitte.

2. ▢

■ Grüß dich, Julian, das sind Belal und Alida.
Julian: Hi! Woher kommt ihr?
● Wir kommen aus Marokko, und du? Woher kommst du?
Julian: Aus den USA.
■ Was möchtest du trinken?
Julian: Kaffee.
■ Ja, ich auch!
● Ich auch!
▼ Ja, bitte!
■ Vier Kaffee, bitte!

3. ▢

Liu Mei: Hallo, Marina!
Marina: Tag, Liu-Mei!
Liu Mei: Marina, das ist Frau Schiller. Sie ist Deutschlehrerin.
Frau Schiller, das ist Marina Álvarez.
Frau Schiller: Guten Tag, Marina. Woher kommen Sie?
Marina: Ich komme aus Argentinien, aus Rosario.
Liu Mei: Was möchten Sie trinken?
Frau Schiller: Eistee!
Marina: Ich auch.
Liu Mei: Also drei Eistee.

Minimemo

Sprache im Café (I)

Entschuldigung, ist hier noch frei?
Was möchten Sie trinken? /
Was möchtest du trinken?
Kaffee oder Tee?
Was nehmen/trinken Sie?
Zwei Kaffee, bitte!

2 *Wer? Woher?* Dialoge trainieren

1 **Sammeln.** Ergänzen Sie den Kasten.

Redemittel

Begrüßung	Vorstellung	Name?	Woher?	Getränke
Hallo!	*Ich heiße ...*	*Wie heißen Sie?*		*Kaffee*
	Das ist ...			

2 Ergänzen Sie. Der Kasten aus Aufgabe 1 hilft.

Ü2

1. ■ Hallo, ich bin Frau Schiller und wie heißen Sie?
   ◆ ....
2. ■ Tag, Lena!
   ◆ ....
3. ■ Was trinken Sie?
   ◆ ....
4. ■ Woher kommst du?
   ◆ ....
5. ● ....
   ▲ Hallo, Katja.
6. ● .... ?
   ▲ Aus China.
7. ● .... ?
   ▲ Tee, bitte.

3 Hören Sie und sprechen Sie nach.

12

4 Dialoge trainieren mit Namen im Kurs.

5 Sammeln Sie Verben aus den Texten auf Seite 17.

sind, heiße, komme …

Minimemo

sein

ich	bin	wir	sind
du	bist	ihr	seid
er/es/sie	ist	sie/Sie	sind

16 **6** Ü3 **Verbendungen.** Ergänzen Sie die Tabelle.

Grammatik

	komm-en	....	....	**trink-en**
ich	komm-e	....	....	....
du	....	wohn-st	heiß-t	....
er/es/sie	....	....	heiß-t	....
wir	....	....	heiß-en	....
ihr	....	wohn-t	....	....
sie/Sie	....	wohn-en	....	....

13 **7** Hören Sie die Verben. Markieren Sie den Akzent *('kommen)* in der Tabelle von Aufgabe 6 und sprechen Sie nach.

8 Ergänzen Sie.

1. Woher komm.......... Sie?
2. Wir wohn.......... in Berlin.
3. Er trink.......... Kaffee.
4. Sie heiß.......... Samira Sundaram.
5. Alida und Belal, was trink.......... ihr?
6. Frau Schiller arbeite.......... an der Sprachschule.

Minimemo

	arbeit-en
du	arbeit-est
er/es/sie	arbeit-et

9 Ü4 **Selbsttest. Fragen mit *Was? Wo? Wie? Woher?***
Hier sind die Antworten. Stellen Sie die Fragen.

1. ....?
   Aus Deutschland.
2. ....?
   Ich heiße Andrea Schmidt.
3. ....?
   In Berlin.
4. ....?
   Zwei Orangensaft, bitte.
5. ....?
   Aus Chile.

3 Zahlen und zählen

1 Zahlen sehen

14

2 Zahlen hören. Notieren Sie.

15 Ü5–6

3 Zahlen lesen

a) Hören Sie und lesen Sie mit.

dreizehn, vierzehn, fünfzehn, sechzehn, siebzehn, achtzehn, neunzehn, zwanzig, einundzwanzig

b) Wie lesen Sie die Zahlen?

1 3   1 4   2 4

c) Hören Sie noch einmal. Markieren Sie den Akzent (') in Aufgabe a) und sprechen Sie.

16

4 Zahlen bis 1000. Ergänzen Sie. Hören und kontrollieren Sie.

1. 100 *einhundert*
2. 200 *zweihundert*
3. 300 ....
4. 400 ....
5. 500 ....
6. 600 ....
7. 700 ....
8. 800 ....
9. 900 ....
10. 1000 *eintausend*

17 **5 Zahlenlotto 6 aus 49.** Kreuzen (x) Sie sechs Zahlen an. Hören Sie die Lottozahlen. Wie viele Richtige haben Sie?

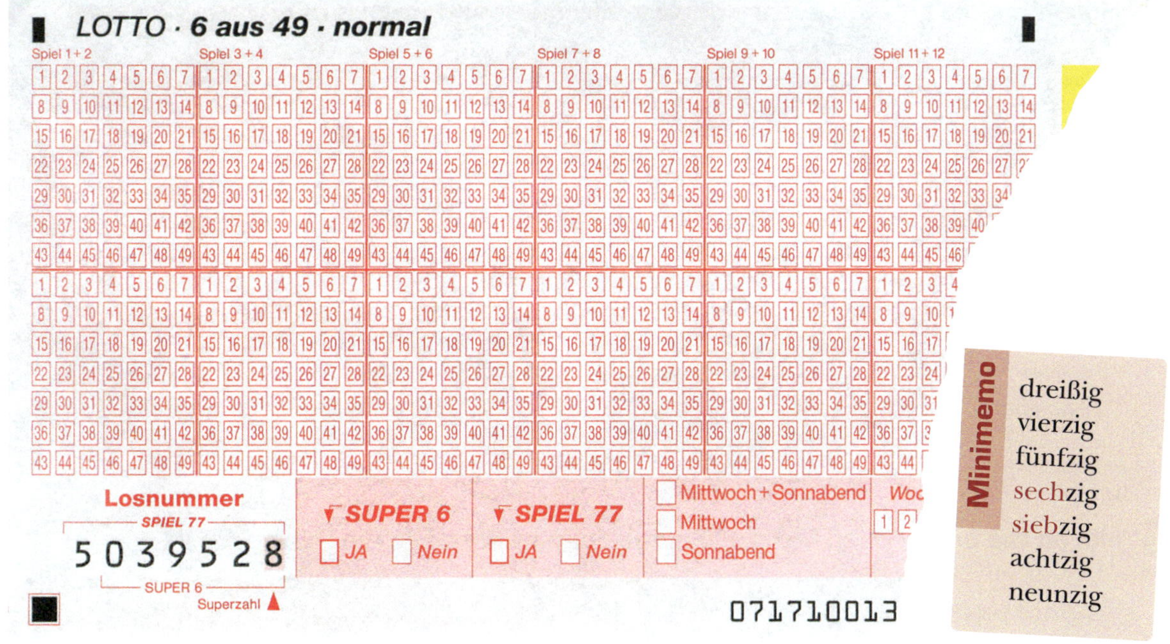

18 **6 Spiel im Kurs. Bingo bis 50.** Notieren Sie Zahlen bis 50. Hören Sie. Streichen Sie die Zahlen durch, die Sie hören. Gewinner ist, wer zuerst alle Zahlen durchgestrichen hat. Spielen Sie noch einmal im Kurs.

1.

2.

7 Zahlen schnell sprechen

a) Bilden Sie zwei Gruppen. Üben Sie die Zahlen. Lesen Sie die Zahlen laut. Gruppe A beginnt. Macht Gruppe A einen Fehler, ist Gruppe B dran. Gewinner ist, wer zuerst fertig ist.

25	12	125	567	999	291
91	15	193	987	119	713
75	55	444	812	680	1000
67	3	763	745	910	325
53	13	217	311	515	81
17	115	323	476	422	703

b) Sagen Sie fünf Zahlen, die anderen schreiben mit.

4 Zahlen verwenden. Telefonnummern und Rechnungen

19 Ü 7

1 Hören Sie die Dialoge. Schreiben Sie die Telefonnummern mit.

1. .... 3. ....

2. .... 4. ....

2 **Wichtige Telefonnummern finden – im Telefonbuch oder im Internet**

1. die Polizei 2. der Arzt 3. die Taxizentrale

• Polizei ☎ 110
• Feuerwehr ☎ 112

Hausbesuche
ArztRUF 0-24 Uhr
freecall
☎ 0800 1972000
privatärztlicher Notfalldienst e.G.
www.arztruf.com
und
KinderArztRUF
www.kinderarztruf.de

TAXI
☎ 44 33 22

! Internettipp
www.telefonbuch.de

20 Ü 8–9

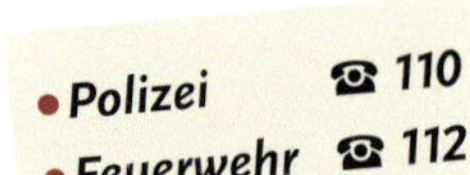

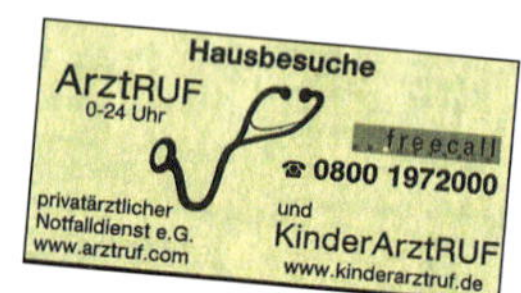

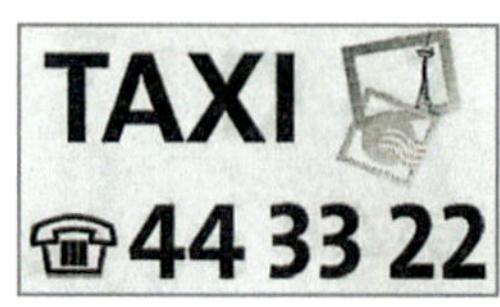

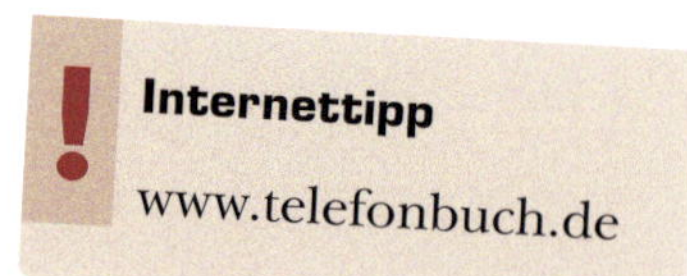

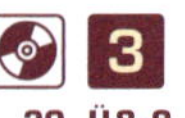

3 Hören Sie und ordnen Sie die Dialoge zu. Notieren Sie die Preise.

a

****
GUPPI
CAFE - BAR - WEEKENDCLUB
GLEIMSTRASSE 31
10437 BERLIN • TEL. 437 39 611
****

TISCH 14 SALDO 0.00

CAPPUCCINO 1X ________

BAR ________

b

Kafka
Oranienstraße 204
10999 Berlin Tel.: 030-612 24 29

Rechnung
Tisch #12

2 x
Mineralwasser
Coca Cola 3,00
Saldo ________

c

Krombacher
EINE PERLE DER NATUR.

Rechnung

Verzehr	EUR
SPEISEN	
GETRÄNKE	
Eistee	1,
3X	
insg.	

Dialog 1 ☐
Dialog 2 ☐
Dialog 3 ☐

Getränke

Warme Getränke

Tasse Kaffee		1,20 €
Tasse Tee		1,20 €
Cappuccino		1,60 €
Schale Milchkaffee		1,80 €

Alkoholfreies

Mineralwasser	0,25 l	1,40 €
Coca-Cola	0,2 l	1,50 €
Fanta	0,2 l	1,50 €
Eistee	0,2 l	1,90 €

Minimemo

Sprache im Café (II)

Zahlen, bitte! /
Ich möchte zahlen, bitte!
Zusammen oder getrennt?
Getrennt/zusammen, bitte.
Das macht ... Euro.
Bitte!
Danke!
Auf Wiedersehen!

21

4 Hören Sie und sprechen Sie nach.

5 Bezahlen im Café. Spielen Sie die Dialoge. Die Dialoggrafik hilft.

Ü 10–13

Dialog 1

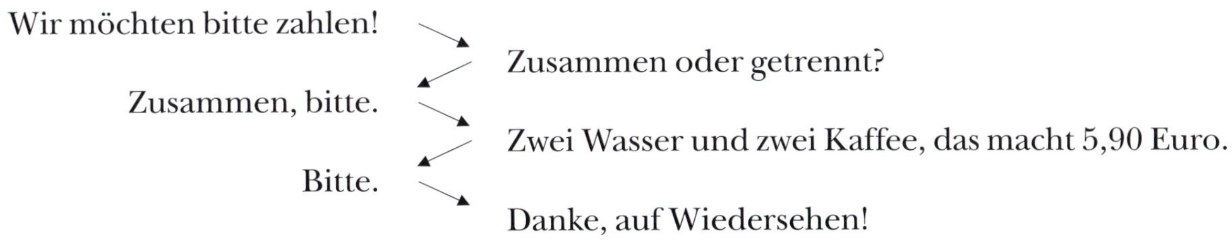

Wir möchten bitte zahlen!

Zusammen oder getrennt?

Zusammen, bitte.

Zwei Wasser und zwei Kaffee, das macht 5,90 Euro.

Bitte.

Danke, auf Wiedersehen!

Dialog 2

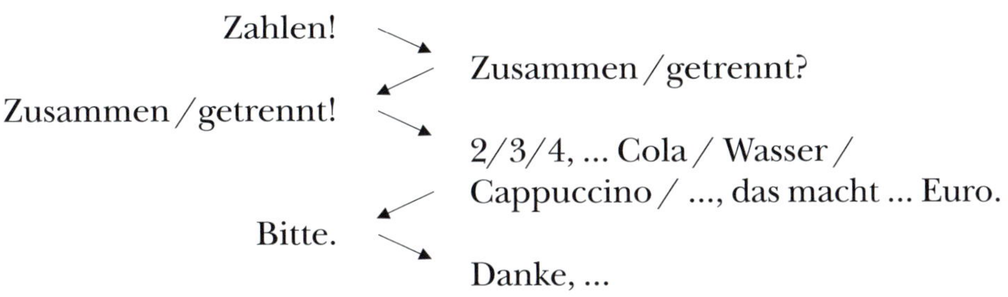

Zahlen!

Zusammen / getrennt?

Zusammen / getrennt!

2/3/4, ... Cola / Wasser / Cappuccino / ..., das macht ... Euro.

Bitte.

Danke, ...

6 Der Euro. Lesen Sie im Kurs.

Ü 14

Landeskunde

Seit dem 01.01.2002 ist der Euro (€) gemeinsames offizielles Zahlungsmittel in 13 Ländern der Europäischen Union (EU): in Belgien, Deutschland, Finnland, Frankreich, Griechenland, den Niederlanden, Irland, Italien, Luxemburg, Österreich, Portugal, Slowenien und Spanien. Über 200 Millionen Menschen bezahlen mit dem Euro. Die Euroscheine sind in allen Ländern gleich, die Münzen sind unterschiedlich und tragen nationale Symbole der Länder.

7 Quiz. Raten Sie: Woher kommen die Euromünzen? Ordnen Sie zu.

- e Österreich
- ☐ Deutschland
- ☐ Griechenland
- ☐ Spanien
- ☐ Irland
- ☐ Italien

1 **Treffen im Café.** Ordnen Sie den Dialog.

Entschuldigung, ist hier frei? – Ich bin Michel aus Frankreich, und du? – Ich heiße Ayşe. Ich komme aus der Türkei. – Ja klar, bitte. – Kaffee. – Was trinkst du: Kaffee oder Tee? – Zwei Kaffee, bitte!

■ ....
◆ ....
■ ....
◆ ....
■ ....
◆ ....
■ ....

2 Verbinden Sie.

Entschuldigung, ist hier frei?	1	a	Tee, bitte.
Marina, das ist Frau Schiller.	2	b	Ja klar, bitte.
Kaffee oder Tee?	3	c	Ich auch.
Sind Sie auch im Deutschkurs?	4	d	Guten Tag, Frau Schiller!
Ich trinke Kaffee.	5	e	Ja, im Kurs A1.

3 Verbendungen. Ergänzen Sie.

1. Wir komm.......... aus Dänemark.
2. Karin wohn.......... in München.
3. Was trink.......... du?
4. Ich heiß.......... David Taylor und komm.......... aus Cardiff.
5. Wie heiß.......... Sie?
6. Das i.......... Dennis Jones. Er komm.......... aus New York.

4 Hier sind die Antworten. Stellen Sie die Fragen.

du – heißen – heißt – ihr – kommen – ~~Sie~~ – Sie – Sie – Sie – ~~trinken~~ – trinkt – ~~was~~ – was – wie – wie – wo – woher – wohnen

1. ■ Was ...... trinken ...... Sie ......? ◆ Tee, bitte.
2. ■ ....? ◆ Wir trinken Kaffee.
3. ■ ....? ◆ Mein Name ist Katja Borowska.
4. ■ ....? ◆ Lin-Mei.
5. ■ ....? ◆ Ich wohne in Bad Vilbel.
6. ■ ....? ◆ Aus der Türkei.

22 5 Zahlen verstehen. Hören Sie und ergänzen Sie die Temperaturen.

Kiel	...18... °C
Rostock	.... °C
Hamburg	.... °C
Hannover	.... °C
Berlin	.... °C
Köln	.... °C
Dresden	.... °C
Frankfurt a. M.	.... °C
Stuttgart	.... °C
München	.... °C
Jena	.... °C

23

6 **Hören Sie und ergänzen Sie die Zahlen.**

1. ....undzwanzig
2. ....undzwanzig
3. siebenund..........
4. ....unddreißig
5. fünfund..........
6. ....undvierzig
7. ....undachtzig
8. ....zig

24

7 **Telefonauskunft.** **Hören Sie und ergänzen Sie die Telefonnummern.**

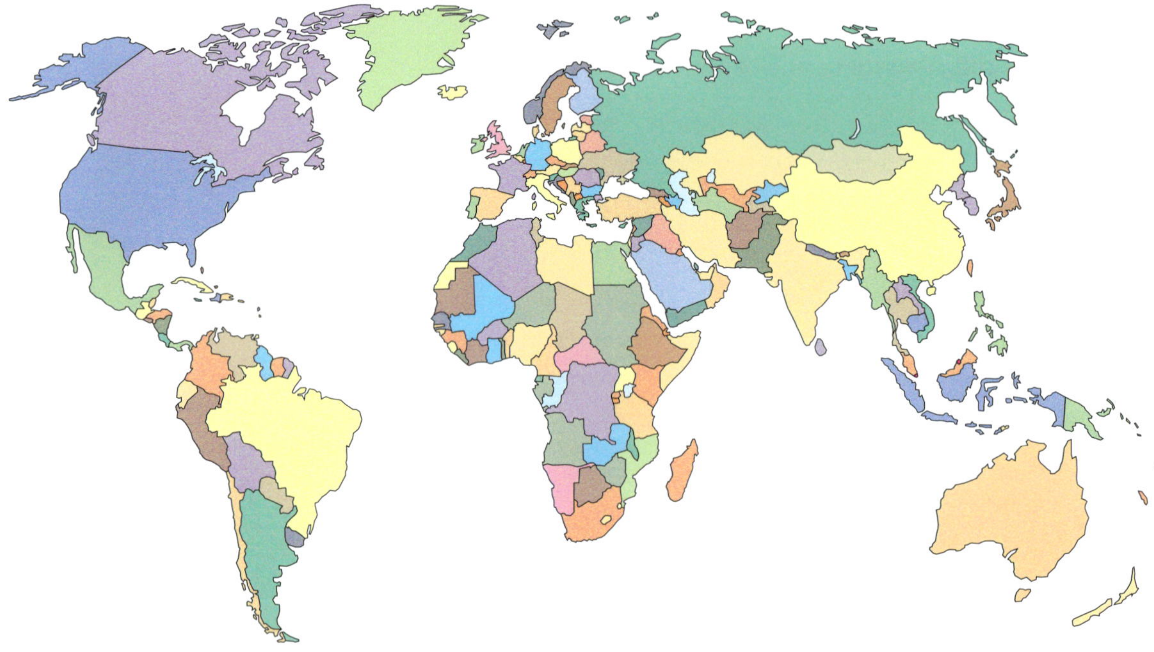

1. ■ Wie ist die Telefonnummer von Siemens in Singapur, bitte?
   ◆ ....
   ■ Und die Vorwahl von Singapur?
   ◆ ....
2. ■ Die Vorwahl von Namibia, bitte.
   ◆ Namibia? Moment. Das ist die
   ....
3. Die Faxnummer vom Hotel Borg in Island?
   Einen Moment. ....
   Und .... für Island.
4. ■ Die Nummer von AVIS in Buenos Aires, bitte.
   ◆ Ja, die Nummer ist ....
   Und .... für Argentinien.

8 Verben. Setzen Sie ein.

macht – zahlen – trinkst – möchten – nehme

1. Was .... du?
2. Ich .... einen Kaffee.
3. Wir .... zahlen, bitte.
4. .... Sie getrennt oder zusammen?
5. Das .... 17,50 Euro.

9 Schreiben Sie Sätze.

1. wir|möchtenbittezahlenzusammenodergetrenntzusammenbittezweiteeund zweicoladasmacht6,90Eurobittedankeaufwiedersehen

■ Wir ....
◆ ....
■ ....
◆ ....
■ ....
◆ ....

2. zahlenbittezahlensiezusammenodergetrenntgetrenntbittealsozweiorangensaft dasmacht3Euroundzweicolamacht2,90Euro

■ ....
◆ ....
■ ....
◆ ....
....

10 Sie kennen die Wörter. Ergänzen Sie die Vokale.

Diese Wörter hören Sie im Kurs.	Diese Wörter hören Sie im Café.
D...... ......tschk......rs	C......l......
Spr......chsch......l......	W......ss......r
D...... ......tschl......hr......r......n	tr......nk......n
schr...... ......b......n	R......chn......ng
spr......ch......n	K......ff...... ......
St......d......nt	Eist...... ......
l......s......n	z......hl......n

11 **Welches Wort passt nicht?**

1. Tee – Kaffee – ~~Tasse~~ – Orangensaft
2. kommen – trinken – heißen – frei
3. lernen – bestellen – nehmen – zahlen
4. ein – sieben – fünfunddreißig – vierundzwanzig

12 **Textkaraoke. Im Café.** **Hören Sie und sprechen Sie die ⌓-Rolle im Dialog.**

25

👂 …
⌓ Wir möchten bitte zahlen!
👂 …
⌓ Zusammen, bitte.
👂 …
⌓ Bitte.
👂 …
⌓ Auf Wiedersehen.

13 **Café International.** **Welche Wörter verstehen Sie? Notieren Sie.**

Das Kaffeetrinken ist eine arabische Tradition. Die Türken haben Mokka international populär gemacht. In Europa hat Österreich eine lange Kaffeehaustradition und viele Kaffeevariationen.
Heute ist Kaffeetrinken „in". Caffè Latte, Espresso und Cappuccino heißen die Top-Favoriten in Hongkong, New York, Berlin und St. Petersburg. Café-Ketten wie Starbucks, Segafredo und Coffee Bean sind so international wie McDonalds. Cafés sind ideal für die Kommunikation und für Kontakte.

Kaffee	Geografie	andere
....	....	*ideal* ....

14 **Was macht das?** **Schreiben Sie die Preise und lesen Sie laut.**

1. *Das sind* ....

2. *Das sind* ....

Das kann ich auf Deutsch

sagen, wie ich heiße, woher ich komme und wo ich wohne

- ■ Wie heißen Sie?
  - ◆ Ich bin / ich heiße Katja Borowska.
  - ◆ Mein Name ist Marina Álvarez.
- ■ Woher kommen Sie? / Woher kommst du?
  - ◆ Ich komme aus Russland, und Sie? / ... und du?
- ■ Wo wohnen Sie?
  - ◆ Ich wohne in Frankfurt.

mich und andere vorstellen

Ich heiße Samira Sundaram. Ich komme aus Indien. / Marina, das ist Frau Schiller. Sie ist Deutschlehrerin. / Das sind Alina und Belal. Sie kommen aus Marokko.

etwas im Café bestellen und bezahlen

Wir möchten zwei Wasser und zwei Orangensaft, bitte. / Zwei Kaffee, bitte!
Zahlen, bitte. / Wir möchten bitte zahlen!

Wortfelder

Zahlen von 1 bis 1000

eins, zehn, zwölf, einundzwanzig, dreiunddreißig, sechshundertsechsundsechzig, eintausend

Getränke im Café

der Kaffee, der Tee, der Orangensaft, das Wasser, der Eistee, die Cola

Grammatik

Verbindungen	ich heiß-**e**, du trink-**st**, er/es/sie komm-**t** ..., wir hör-**en**, ihr wohn-**t** ..., sie/Sie arbeit-**en**
sein	ich bin, du bist, er/es/sie ist, wir sind, ihr seid, sie/Sie sind

Aussprache

Wortakzent	ˈwohnen, ˈarbeiten, ˈkommen, ˈeinundzwanzig, ˈdreiundachtzig, ˈneunhundertneunundfünfzig

26

Laut lesen und lernen

Entschuldigung, ist hier frei?
Was möchtest du trinken?
Zahlen, bitte!
Zusammen oder getrennt?
Getrennt, bitte.
Das macht 13 Euro 40.
Bitte! Danke! Auf Wiedersehen!

2 Im Sprachkurs

1 Im Kurs

Das verstehe ich nicht. Können Sie das bitte wiederholen?

Können Sie das bitte anschreiben?

Keine Ahnung.

R-a-d-i-e-r-g-u-m-m-i? Was ist das?

Wie heißt das auf Deutsch?

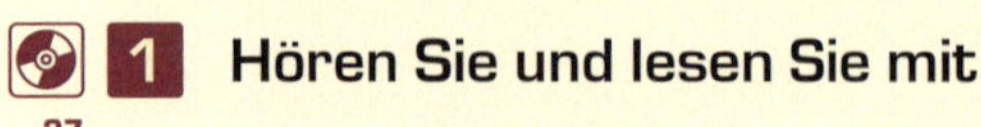

27 **1 Hören Sie und lesen Sie mit.**

2 Fragen Sie im Kurs.

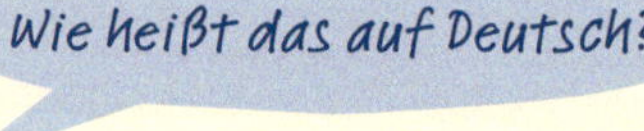

Was ist ...?

Radiergummi

Heft

Wörterbuch

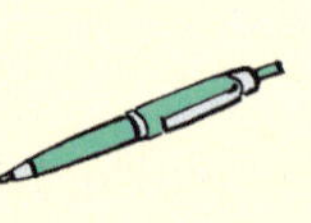

Kuli

Redemittel

Nicht-Verstehen signalisieren / nachfragen

Entschuldigung, wie bitte?
Können Sie das bitte buchstabieren?
Das verstehe ich nicht. Können Sie das bitte wiederholen?
Können Sie das bitte anschreiben?
Was ist das auf Deutsch?
Wie heißt das auf Deutsch?
Was heißt ... auf Deutsch?

Hier lernen Sie

- Sprache im Kurs: etwas nachfragen
- mit Wörterbüchern arbeiten
- Artikel: *der, das, die / ein, eine*
- Verneinung: *kein, keine*
- Nomen: Singular und Plural
- Komposita: *das Kursbuch*
- Wortakzent markieren / Umlaute *ä, ö, ü* hören und sprechen

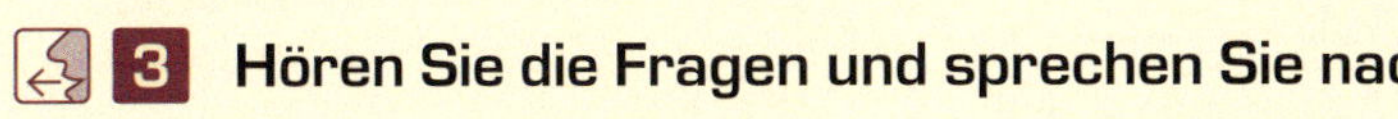

27 **3 Hören Sie die Fragen und sprechen Sie nach.**

4 Gegenstände benennen. Lesen Sie die Wörter. Was kennen Sie?

3 die Kreide	der Computer	das Wörterbuch	der Fernseher
die Tafel	der CD-Player	das Lernplakat	das Handy
der Schwamm	die Lampe	der Bleistift	der Kuli
das Papier	das Kursbuch	der Radiergummi	der Overhead-projektor
der Tisch	die Tasche	das Heft	
der Stuhl	der Füller	der Videorekorder	

28 Ü1–2 **5 Hören Sie die Wörter aus Aufgabe 4. Ordnen Sie zu.**

28 **6 Wortakzent**

a) Hören Sie die Wörter noch einmal. Markieren Sie die betonten Silben.

die 'Kreide

b) Sprechen Sie nach.

7 Gegenstände im Kursraum.
Fragen Sie Ihre Partnerin / Ihren Partner.

2 Nomen und bestimmter Artikel: *der, das, die*

9

1 Artikel im Wörterbuch finden. Schreiben Sie die Wörter in die Tabelle.

So:

Au|to, das; -s, -s ‹griech.› (*kurz für* Automobil); ↑K 54: Auto fahren; ich bin Auto gefahren
au|to... ‹griech.› (selbst...)

Com|pu|ter [...'pju:...], der; -s, - ‹engl.› (programmgesteuerte, elektron. Rechenanlage; Rechner)

die Ta|sche ['taʃə]; -, -n: 1. *Teil in einem Kleidungsstück, in dem kleinere Dinge verwahrt werden können:* er steckte den Ausweis in die Tasche seiner Jacke; die

Oder so:

Tisch *m* (-*es*; -*e*) mesa *f*; *bei*~, *zu*~ a la mesa; *vor* (*nach*)~ antes de la comida (después de la comida; de sobremesa); *reinen* ~ *machen* hacer tabla

Tür *f* (-; -*en*) puerta *f*; (*Wagen*♀) portezuela *f*; *fig.* ~ *und Tor öffnen* abrir de par en par las puertas a; *fig. offene* ~*en einrennen* pretender demostrar lo evidente; *j-m die* ~ *weisen*,

Haus *n* (-*es*; ⸗*er*) casa *f*; (*Gebäude*) edificio *m*; inmueble *m*; (*Wohnsitz*) domicilio *m*; (*Heim*) hogar *m*; morada *f*; *Parl.* Cámara *f*; (*Fürsten*♀) casa *f*, dinastía *f*; (*Familie*) familia *f*; (*Firma*) casa *f* comercial, firma *f*; *der Schnecke*: concha *f*; *Thea.* sala *f*;

Grammatik

der (Maskulinum)	**das** (Neutrum)	**die** (Femininum)
Computer	....	....
....	....	....

2 Mit der Wörterliste von studio d arbeiten. Zwölf Nomen von Seite acht bis 15. Finden Sie die Artikel in der Liste auf Seite 231.

.... Name	.... Foto	.... Pilot	.... Familie
.... Bank	.... Kaffee	.... Frau	.... Büro
.... Mädchen	.... Frage	.... Tisch	.... Polizei

3 Artikel – Lerntipps

Ü 3–4

Lerntipp 1

Wörter und Bilder verbinden, „Artikelgeschichten" ausdenken: ein Film im Kopf

der Löwe
der Videorekorder

das Haus
das Auto

die Tasche
die Lampe

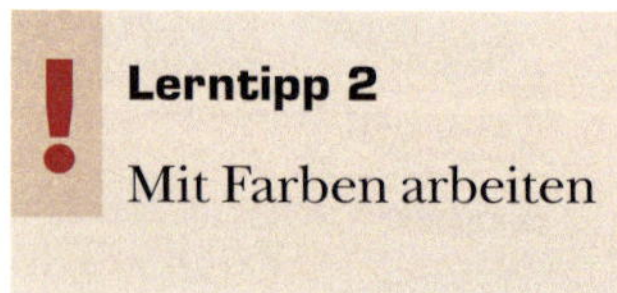

Lerntipp 2

Mit Farben arbeiten

der Füller

das Haus

Lerntipp 3

Nomen immer mit Artikel lernen

der Computer

3 Nomen: Singular und Plural

10

1 **Nomen im Plural.** Wie heißen die Formen im Singular?

die Tafeln, die Lernplakate, die CD-Player, die Tische, die Stühle, die Schwämme, die Computer, die Videorekorder, die Radiergummis, die Bücher, die Kulis, die Lampen, die Taschen, die Handys, die Hefte, die Lehrerinnen, die Regeln

2 Ordnen Sie die Pluralformen. Machen Sie eine Tabelle an der Tafel.

Ü 5–7

--	~s	~n	~e	~(n)en	~(ä/ö/ü) ~e	~(ä/ö/ü) ~er
der CD-Player die CD-Player	der Kuli die Kulis					

3 **Umlaute.** Hören Sie. Welche Variante ist richtig? Kreuzen Sie an.

29

	Variante 1	Variante 2
können	☐	☐
hören	☐	☐
Grüß dich!	☐	☐
die Tür	☐	☐
üben	☐	☐
zählen	☐	☐

4 **Singular und Plural.** Hören und sprechen Sie.

30

das Buch – die Bücher, der Schwamm – die Schwämme, der Stuhl – die Stühle, das Wort – die Wörter, die Stadt – die Städte

5 **Wörterbucharbeit.** Finden Sie den Plural? Ergänzen Sie die Regel.

Haus *n* (-*es*; ⁻*er*) casa *f*; (*Gebäude*) edificio *m*; inmueble *m*; (*Wohnsitz*) domicilio *m*; (*Heim*) hogar *m*; morada *f*; *Parl.* Cámara *f*; (*Fürsten*≗) casa *f*, dinastía *f*; (*Familie*) familia *f*; (*Firma*) casa *f* comercial, firma *f*; *der Schnecke*: concha *f*; *Thea.* sala *f*;

Pilot(in *f*) *m* **-en, -en** pilot.
Pilot-: **~anlage** *f* pilot plant; **~ballon** *m* pilot balloon; **~film** *m* pilot film; **~projekt** *nt* pilot scheme; **~studie** *f* pilot study.

Kurs *m* (-*es*; -*e*) **1.** (*Lehrgang*) curso *m*, cursillo *m*; **2.** ✝ *v. Devisen*: cambio *m*; *v. Wertpapieren*: cotización *f*; (*Umlauf*) circulación *f*; ✝ zum ~ von al cambio de; al tipo de; im ~ stehen

Regel Der bestimmte Artikel im Plural ist immer …………… .

6 **Artikeltraining.** Das A-B-C-Stopp-Spiel.

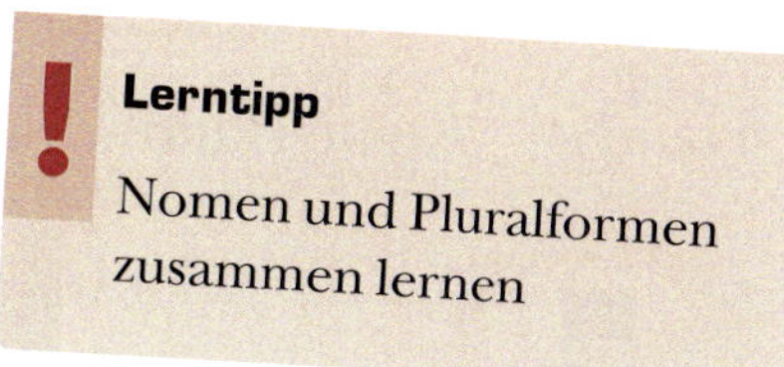

das Buch – die Bücher

4 Der unbestimmte Artikel: *ein, eine /* Verneinung: *kein, keine*

9

1 Sehen Sie die Bilder an und lesen Sie.

eine Deutschlehrerin

die Deutschlehrerin Frau Meier

ein Pilot

der Lufthansa-Pilot Klaus Bernstein

ein Auto

das Auto von Michael Schumacher

2 **Zeichnen und raten.**
Hören Sie das Gespräch.
Wer ist das?

31

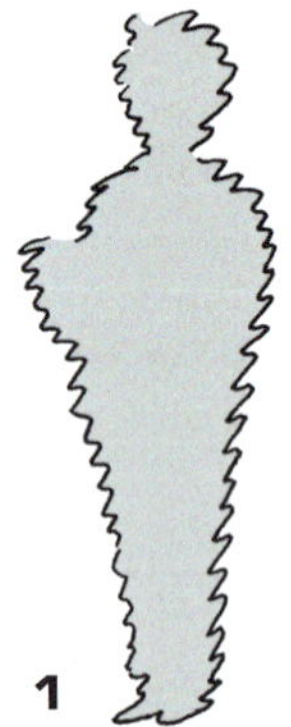

1 Ein Mann?

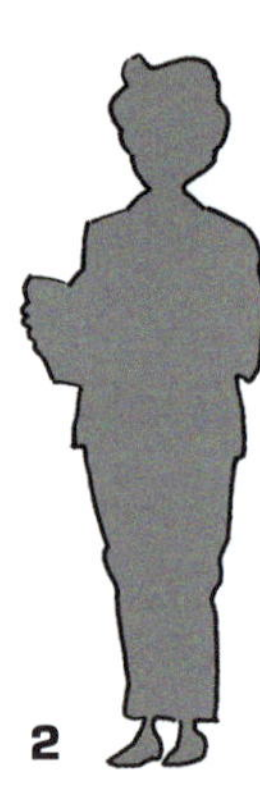

2 Eine Frau?

3 Eine Lehrerin und ein Buch! Frau Schiller!!

3 **Ein, eine / der, das, die.** Wie heißt der bestimmte Artikel?

ein Foto, eine Tasche, ein Gespräch, ein Baum, eine Tafel, ein Auto, ein Tisch, ein Fenster, eine Tür, ein Lehrer, eine Sprache, ein Buch

4 a) **Ein, eine → kein, keine.** Fragen und antworten Sie im Kurs.

Handys? – Keine Handys, bitte!   Eis? – Kein Eis!   Hunde? ...   Fahrräder? ...

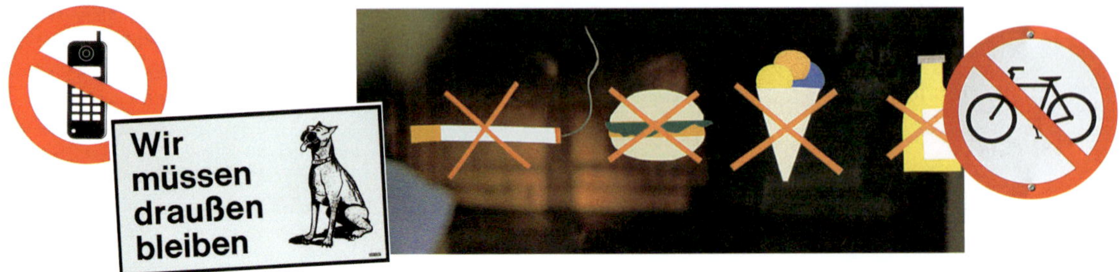

b) Was ist das? Üben Sie.

1. ■ Ist das ein Tennisball?
   ◆ Nein, das ist kein Tennisball.
   Das ist ein Fußball.

2. ■ Ist das ein Fenster?
   ◆ Nein, das ist kein ...
   Das ist eine ...

3. ■ Sind das Hefte?
   ◆ Nein, das sind keine Hefte.
   Das sind ...

4. Koffer? – 5. Bleistift? – 6. CD-Player? – 7. Tafel?

5 9 Ü8–9

a) Artikel systematisch. Ergänzen Sie die Tabelle.

Grammatik	bestimmter Artikel	unbestimmter Artikel		Verneinung mit *kein-*	
Singular	der Mann	ein	Mann	kein	Mann
	das Buch	....	....	....	....
	die Frau	....	....	....	....
Plural	die Männer	–	Männer	....	Männer
	die Bücher	–	....	....	....
	die Frauen	–	....	....	....

b) Selbsttest: unbestimmter Artikel. Alles klar?

das Wörterbuch – das Telefonbuch – der Computer – das Foto – die Lehrerin – die Kursteilnehmerin – das Theater – das Museum

1. ■ Ist das ...ein... Wörterbuch?
   ◆ Nein, das ist .... Wörterbuch. Das ist .... Telefonbuch.
2. ■ Ist das .... Computer?
   ◆ Ja.
3. ■ Sind das .... Fotos?
   ◆ Nein, das sind .... Fotos.
4. ■ Ist das .... Lehrerin?
   ◆ Nein, das ist .... Lehrerin. Das ist .... Kursteilnehmerin.
5. ■ Ist das .... Theater?
   ◆ Nein, das ist .... Museum.

5 Schulen, Kurse, Biografien

1 **Deutsch ist international. Rosa, Boris und Yafen lernen Deutsch.**
Ü 10 Lesen Sie die Texte und machen Sie eine Tabelle.

Wer?	Woher sind sie?	Wo leben sie?	Sie sagen: „…"
....	....	....	....
....	....	....	....

Rosa Echevarzu ist Sekretärin. Sie lernt Deutsch im Goethe-Institut in La Paz in Bolivien. Sie kommt aus Santa Cruz. Rosa hat zwei Kinder, Juan und Lisa. Sie gehen in die Schule Santa Barbara in La Paz. Sie lernen Englisch. Rosa möchte Deutsch sprechen. Sie sagt: „Die Deutschkurse im Goethe-Institut sind interessant und gut für meine Arbeit."

Boris Naumenkow kommt aus Kasachstan. Er lernt Deutsch in der Volkshochschule in Frankfurt am Main. Boris ist verheiratet mit Sina. Sie haben zwei Kinder, Lara und Natascha. Boris hat im Moment keine Arbeit. Die Naumenkows leben seit 2001 in Sprendlingen. Sie sprechen Russisch und Deutsch. Lara und Natascha lernen Englisch in der Schule. „Deutschland ist für uns Sprache, Kultur, Heimat."

Zhao Yafen ist Studentin. Sie lebt in Schanghai und studiert an der Tonji Universität. Sie ist 21 und möchte in Deutschland Biologie oder Chemie studieren. Ihre Hobbys sind Musik und Sport. Sie spielt Gitarre. Ihre Freundin Jin studiert Englisch. Sie möchte nach Kanada. Deutsch ist für Yafen Musik. Sie sagt: „Ich liebe Beethoven und Schubert."

6 Kommunikation im Deutschkurs

1 **Was machen Sie im Deutschkurs?** Schreiben Sie die Verben.

a

b

c

....

d

e

f

.... antworten ....

2 **Fragen, Bitten, Arbeitsanweisungen.**
Ü 11
Wer sagt was? Was sagen beide? Kreuzen Sie an.

	Kursteilnehmer/in	Kursleiter/in
Was ist das?	☐	☐
Kreuzen Sie an!	☐	☐
Wie heißt das auf Deutsch?	☐	☐
Erklären Sie das bitte!	☐	☐
Sprechen Sie bitte langsamer!	☐	☐
Buchstabieren Sie das bitte!	☐	☐
Können wir eine Pause machen?	☐	☐
Lesen Sie den Text!	☐	☐
Schreiben Sie das bitte an die Tafel!	☐	☐
Ordnen Sie die Wörter!	☐	☐
Machen Sie Ihre Hausaufgaben!	☐	☐

Übungen 2

1 Wie heißt das auf Deutsch?

die Tasche ....

....

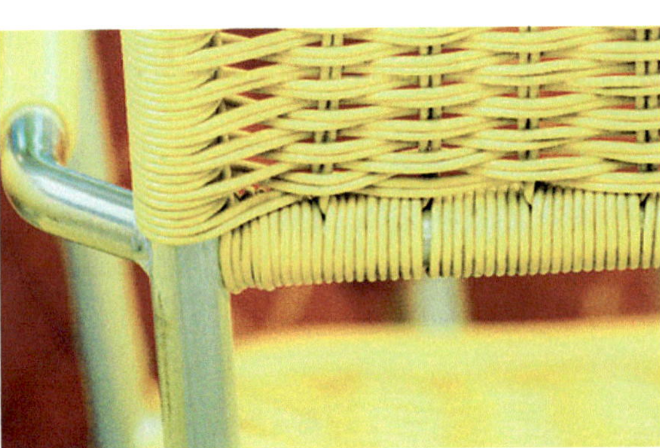

....

....

....

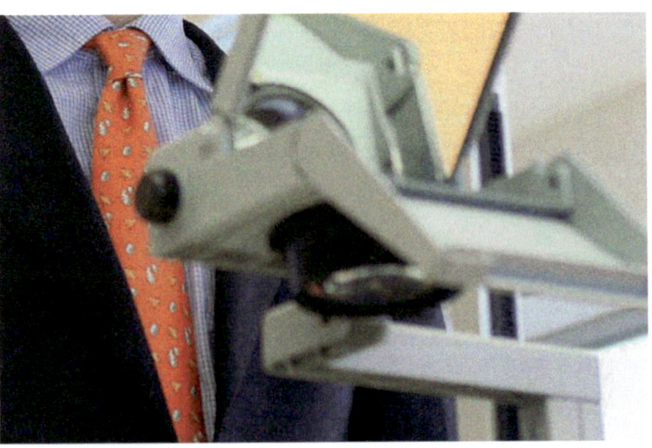

....

2 Welches Wort passt nicht? Ergänzen Sie auch den Artikel.

1. .... Kursbuch – .... Wörterbuch – .... Lernplakat – .... ~~Tasche~~
2. .... Bleistift – .... Kuli – .... Schwamm – .... Füller
3. .... Computer – .... Handy – .... CD-Player – .... Radiergummi
4. .... Tafel – .... Papier – .... Füller – .... Heft
5. .... Kreide – .... Tisch – .... Stuhl – .... Lampe

3 **Ergänzen Sie die Artikel. Verbinden Sie alle Nomen mit dem Artikel *das* mit einer Linie in der richtigen Reihenfolge.**

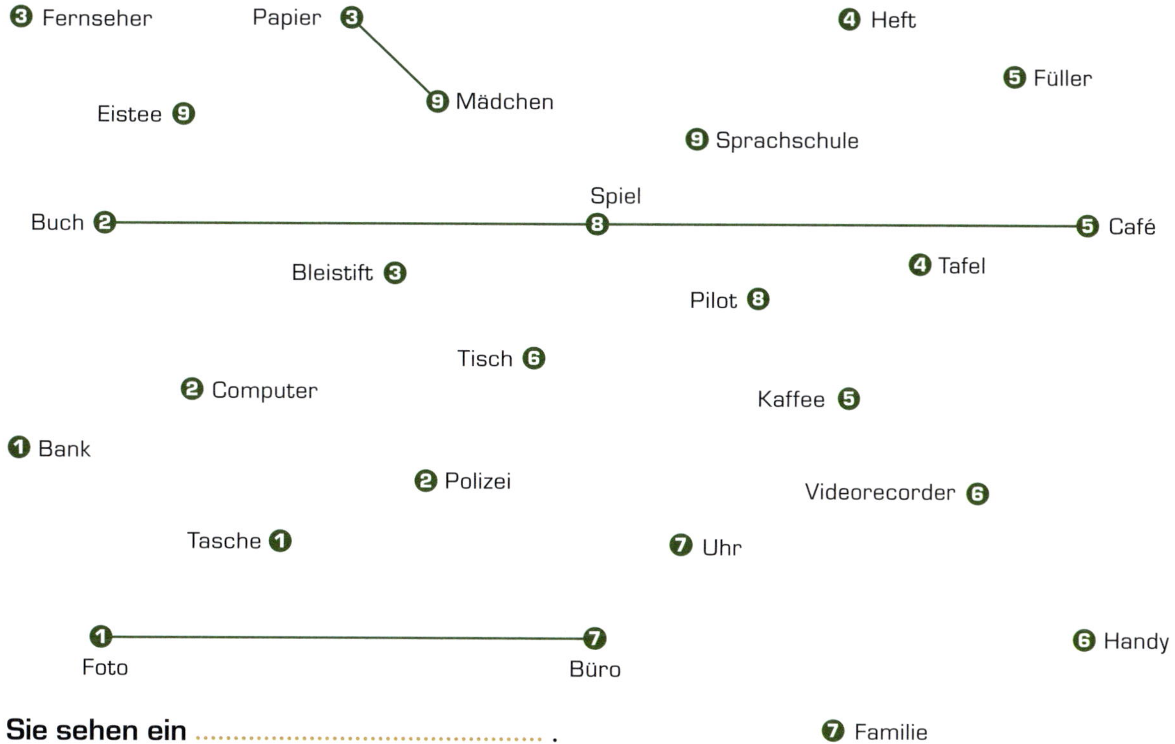

Sie sehen ein ....

4 **Ordnen Sie die Wörter.**

Wort – Seite – Bild – Telefon – Kaffee – Supermarkt – Schule – Frau – Auto – Tasse – Aufgabe – Mensch – Stadt – Saft – Tür – Frage – Fehler – Antwort – Gruppe – Name – Hobby – Job

der	**das**	**die**
....	....	....
....	....	....
....	....	....
....	....	....
....	....	....
....	....	....
....	....	....
....	....	....
....	....	....
....	....	....

5 **Ordnen Sie die Pluralformen. Arbeiten Sie mit der Wörterliste.**

das Café – der Computer – der Dialog – das Haus – die Person – die Lampe – die Lehrerin – das Foto – der Preis – der Schwamm – der Stuhl – die Uhr – das Telefonbuch – das Wort – das Heft – der Videorekorder – der Name

~~	~s	~n	~e
....	....	....	....
....	....	....	....
....	....	....	....

~(n)en	~(ä/ö/ü)~e	~(ä/ö/ü)~er
....	....	....
....	....	....
....	....	....

6 **Ordnen Sie die Wörter und ergänzen Sie den Artikel und die Pluralform.**

~~Akzent~~ – Antwort – Bleistift – Dialog – Füller – Geschichte – Heft – Text – Kuli – ~~Schwamm~~ – Radiergummi – Regel – Satz – Tafel – Wort – Lernplakat

Sprache und Sprechen			Gegenstände im Kursraum		
der	Akzent	, die Akzente	der	Schwamm	, die Schwämme
....	....	, die	....	....	, die ....
....	....	, die	....	....	, die ....
....	....	, die	....	....	, die ....
....	....	, die	....	....	, die ....
....	....	, die	....	....	, die ....
....	....	, die	....	....	, die ....
....	....	, die	....	....	, die ....
....	....	, die	....	....	, die ....

7 **Lesen Sie die Wörter von Übung 6 laut.**

8 Verneinung. Ergänzen Sie die Antworten.

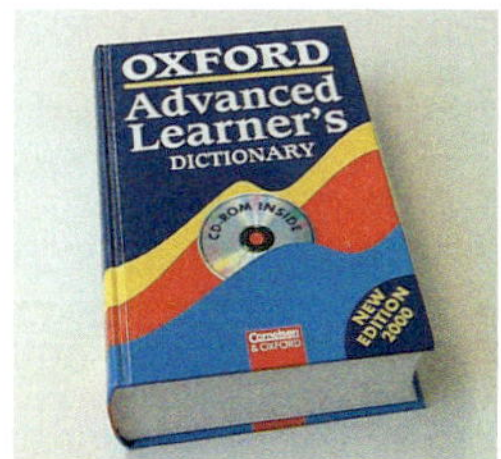

1. Ist das ein Kursbuch?

   Nein, das ist kein Kursbuch.
   Das ist ein Wörterbuch.

2. Ist das ein Kuli?

   Nein, ...

   ....

3. Ist das eine Tafel?

   ....

   ....

4. Ist das ein Radio?

   ....

   ....

9 Lernen Sie Wörter in Paaren.

Deutschlehrerin – Frau – schreiben – ~~nein~~ – Radiergummi – Stuhl – trinken – Tee

der Mann und ....

essen und ....

lesen und ....

der Bleistift und ....

ja oder nein ....

der Kursteilnehmer und ....

....

der Kaffee oder ....

der Tisch und ....

Otto Dix (1891–1969), Bildnis der Eltern, 1924

10 Biografien. Wer ist wer? **Ergänzen Sie die Namen.**

Heidi Klum kommt aus Bergisch Gladbach. Sie ist Model und präsentiert Mode von internationalen Designern. Sie hat eine Mode-Kollektion und sie macht Werbung für H & M und McDonalds. Heidi Klum arbeitet international, in Paris, New York, Mailand und Düsseldorf. Sie spricht Deutsch, Englisch und Französisch. Heidi Klum wohnt in Manhattan und in Bergisch Gladbach. Sie hat eine Tochter, Leni. Designer-Mode ist ihr Job, zu Hause mag sie aber Jeans und T-Shirts. Sie macht viel Sport: Ballett und Jazz-Dance.

Arnold Alois Schwarzenegger (geb. 1947) – seine Freunde sagen Arnie – kommt aus Österreich, aus Thal in der Steiermark. Sein Hobby und sein Beruf in Österreich war Body Building. Er lebt seit 21 Jahren in Amerika. Er hat in Los Angeles Ökonomie studiert. Er spricht Deutsch, Englisch und ein bisschen Spanisch: *Hasta la vista Baby* – ein Satz aus dem Film „Terminator 2". Arnold Schwarzenegger ist verheiratet mit Maria Shriver. Sie haben vier Kinder. Die Familie wohnt in Kalifornien. Er war Filmstar, jetzt ist er Politiker: Gouverneur von Kalifornien. Eine fantastische Karriere!

1. .... kommt aus der Steiermark.
2. .... ist Model.
3. .... arbeitet international.
4. .... war Filmstar und ist heute Politiker.
5. .... spricht Deutsch, Englisch und Französisch.
6. .... hat eine Tochter.
7. .... wohnt in Manhattan.
8. .... mag Ballett und Jazz-Dance.
9. .... hat in Los Angeles studiert.

11 Sprache im Kurs. **Ergänzen Sie die Verben.**

ergänzen – heißen – hören – lesen – schreiben – buchstabieren

1. .... Sie den Text bitte langsam.
2. Wie .... der bestimmte Artikel?

3. .... Sie Sätze.
4. .... Sie die Tabelle.

5. .... Sie den Dialog.
6. .... Sie das Wort.

Das kann ich auf Deutsch

im Kurs etwas nachfragen

Entschuldigung, wie bitte?
Können Sie das bitte buchstabieren?
Das verstehe ich nicht.
Können Sie das bitte wiederholen?
Wie heißt das auf Deutsch?

Wortfelder

Wörter im Kursraum

lesen, schreiben, hören, buchstabieren, wiederholen, anschreiben ...
das Wörterbuch, das Lernplakat, die Tafel ...

Grammatik

Singular und Plural

der Computer – die Computer, **das** Buch – die B**ü**ch**er**, **die** Tafel – die Tafel**n** ...

unbestimmter und bestimmter Artikel

ein Foto – **das** Foto von Leonardo di Caprio

Verneinung: ***kein***

Das ist **kein** Foto, das ist ein Heft.

Komposita

das Computerspiel = der Computer, **das** Spiel

Aussprache

Umlaute *ä, ö, ü*

z**ä**hlen, der L**ö**we, die B**ü**cher

32

Laut lesen und lernen

Was ist das?
Keine Ahnung!
Wie heißt das auf Deutsch?
Sprechen Sie bitte langsamer!
Können wir eine Pause machen?
Erklären Sie das bitte!
Erklären Sie das bitte noch einmal!
Können Sie das bitte anschreiben?

3 Städte – Länder – Sprachen

1 Grüße aus Europa

a der Prater

b das Kolosseum

c der Kreml

d der Eiffelturm

e das Brandenburger Tor

1 **Sehenswürdigkeiten in Europa.** **Was kennen Sie? Ordnen Sie zu und ergänzen Sie. Arbeiten Sie mit der Karte.**

der Eiffelturm → Paris → Frankreich
das Kolosseum → Rom → ...

33 **2** **Hören Sie. Worüber sprechen die Personen? Kreuzen Sie an:**

- Eiffelturm
- Brandenburger Tor
- Prater
- Berlin
- Wien
- Paris
- Österreich
- Frankreich
- Deutschland

Hier lernen Sie

- über Städte und Sehenswürdigkeiten sprechen
- über Länder und Sprachen sprechen
- die geografische Lage angeben
- das Präteritum von *sein*
- W-Frage, Aussagesatz und Satzfrage
- Satzakzent in Frage- und Aussagesätzen

3 Satzakzent

34 Ü1

a) Hören Sie den Text und markieren Sie die Satzakzente.

Was 'ist das?	Das ist das Kolosseum.
Und wo ist das?	Das Kolosseum ist in Rom.
Aha, und in welchem Land ist das?	Rom ist in Italien.

b) Sprechen Sie nach!

4 **Sehen Sie die Postkarten an. Fragen Sie im Kurs.**

Ü2–3

Das ist das Convention Center.

Das ist in Singapur. Das Convention Center ist in Singapur.

Das ist in Asien. Singapur ist in Asien.

so kann man fragen	so kann man antworten
Was ist das?	Das ist ...
Wo ist denn das?	Das ist in ...
In welchem Land ist das?	... ist in ...

5 **Zeigen Sie Fotos. Fragen und antworten Sie. Achten Sie auf die Satzakzente.**

Minimemo

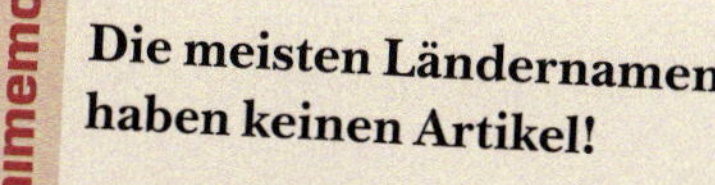

Lernen Sie:

die Schweiz / in der Schweiz
die USA / in den USA
die Türkei / in der Türkei
die Slowakei / in der Slowakei
der Iran / im Iran

2 Menschen, Städte, Sprachen

35

1 Ein Treffen im Café. Hören Sie den Dialog und lesen Sie.

- ■ Hallo Silva!
- ◆ Hallo Carol-Ann! Wie geht's?
- ■ Danke, gut. Trinken Sie auch einen Kaffee?
- ◆ Ja, gern. Und sag doch „du"!
- ■ Okay! Und woher kommst du?
- ◆ Ich komme aus Milano. Warst du schon mal in Milano?
- ■ Nein. Wo ist denn das?
- ◆ Das ist in Italien.
- ■ Ach, Mailand!
- ◆ Ja, genau, warst du schon mal in Italien?
- ■ Ja, ich war in Rom und in Neapel und John war in Venedig.

2 Städte auf Deutsch – und in Ihrer Sprache? Ergänzen Sie.

Mailand: *Milano (italienisch),* ....

München: *Munich (englisch), Monaco di Baviera (italienisch),* ....

Brüssel: ....

Warschau: ....

Wien: ....

Zürich: ....

Prag: ....

36

3 Satzakzent und Melodie in Fragen

a) Hören Sie den Unterschied?

Woher 'kommen Sie? Und woher 'kommen Sie?

b) Markieren Sie die Melodie.

Woher kommen Sie? Waren Sie schon mal in Italien?

Woher kommst du? Warst du schon in Innsbruck?

37

c) Sprechen Sie nach und üben Sie.

4 Warst du schon in ...? Wo ist denn das? Üben Sie.

a)

- ■ Warst du schon mal in Bremen?
- ◆ Nein, wo ist denn das? / Ja, da war ich schon.
- ■ In Deutschland.

- ■ Warst du schon mal in ...?
- ◆ ...

b)

- ■ Wo warst du gestern?
- ◆ Gestern war ich in Hamburg, und du?
- ■ Ich war in ...

5 Orientierung auf der Landkarte.

Ü4 Üben Sie im Kurs.

Kennst du Graz?

Graz? Wo liegt denn das?

Das liegt im Südosten von Österreich, südlich von Wien.

Kennst du …?

Schleswig-Holstein, Kiel, Lübeck, Rügen, Stralsund, Rostock, Mecklenburg-Vorpommern, Stade, Hamburg, Schwerin, Bremen, Niedersachsen, Brandenburg, Berlin, BERLIN, Frankfurt/Oder, Potsdam, Hannover, Magdeburg, Dessau, Sachsen-Anhalt, Elbe, Nordrhein-Westfalen, Rhein, Düsseldorf, Köln, Bonn, Leipzig, Dresden, Erfurt, Weimar, Thüringen, Sachsen, Hessen, Rheinland-Pfalz, Wiesbaden, Frankfurt am Main, Mainz, DEUTSCHLAND, Saarland, Saarbrücken, Nürnberg, Stuttgart, Donau, Baden-Württemberg, Bayern, Augsburg, München, Niederösterreich, Linz, Wien, WIEN, Oberösterreich, Salzburg, Steiermark, ÖSTERREICH, Basel, Zürich, Vorarlberg, Innsbruck, Tirol, Burgenland, Graz, BERN, SCHWEIZ, Kärnten

nördlich von
im **Norden** von

nordwestlich von — nordöstlich von

westlich von
im **Westen** von

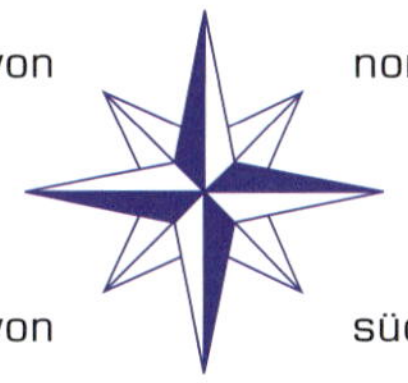

östlich von
im **Osten** von

südwestlich von — südöstlich von

im **Süden** von
südlich von

6 Städteraten. Arbeiten Sie mit der Landkarte. Üben Sie mit anderen Städten.

Ü5–6

7 Leute kennen lernen – Gespräche. Spielen Sie im Kurs.

Woher kommst du?

Wo liegt denn …?

Warst du schon mal in …?

Wo waren Sie gestern?

1, 2, 16

3 *Warst du schon in ...?* Fragen und Antworten

1 Präteritum *sein*. Ergänzen Sie die Tabelle.

Ü 7–8

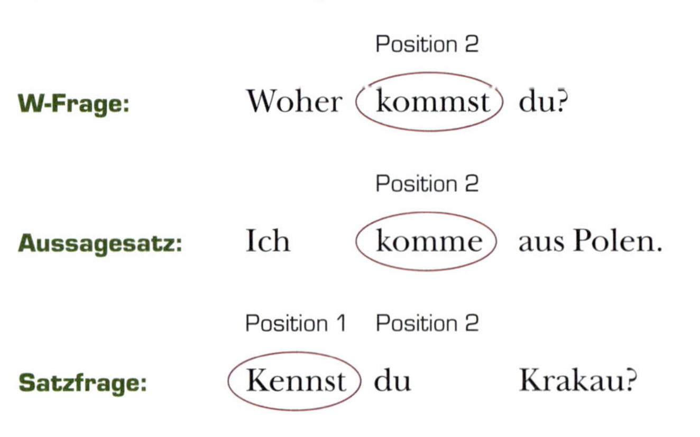

Grammatik		
ich	....	wir waren
du	....	ihr wart
er/es/sie	....	sie waren
		Sie waren

2 Die W-Frage – der Aussagesatz – die Satzfrage

a) Lesen Sie und vergleichen Sie.

	Position 1	Position 2	
W-Frage:	Woher	(kommst)	du?
Aussagesatz:	Ich	(komme)	aus Polen.
Satzfrage:	(Kennst)	du	Krakau?

b) Ergänzen Sie die Regeln.

In der W-Frage steht das Verb in Position ....

Im Aussagesatz steht das Verb in Position ....

In der Satzfrage steht das Verb in Position ....

3 Personenraten im Kurs: Wer ist das?

Ü 9–10

Ein Kursteilnehmer fragt, die anderen antworten nur mit *Ja/Nein*.

Kommt er aus ...?

Spricht sie ...?

Wohnt sie jetzt in ...?

Ist das in ...?

Das ist ...!

38

4 Satzakzent und Information. Hören Sie den Text und markieren Sie die Akzente.

Das ist Michael.
Michael kommt aus München.
Michael kommt aus der Hauptstadt München.
Michael kommt aus der bayrischen Hauptstadt München.

4 Über Länder und Sprachen sprechen

1 D, A, CH und die Nachbarn. Wie heißen die Nachbarn?

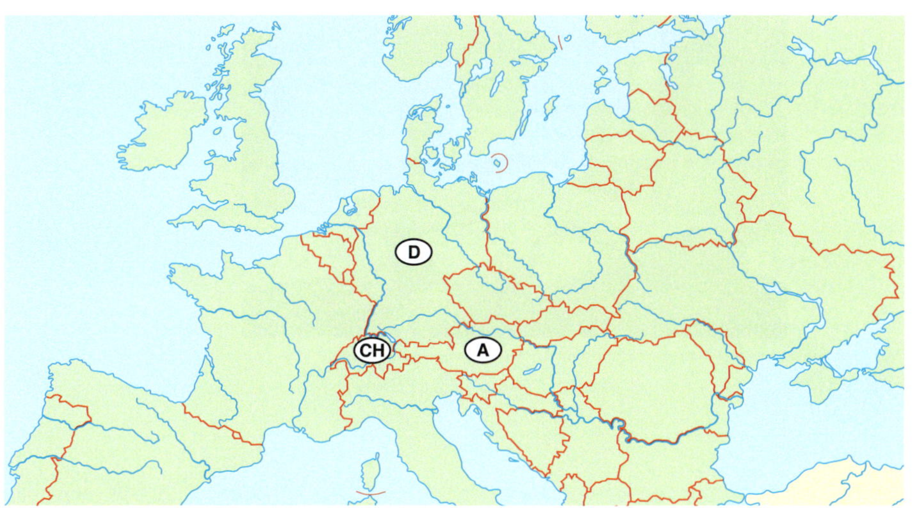

2 Sprachen in Europa. Beschreiben Sie die Grafik.

49 Prozent sprechen Englisch. 34 ...

1 Prozent spricht ...

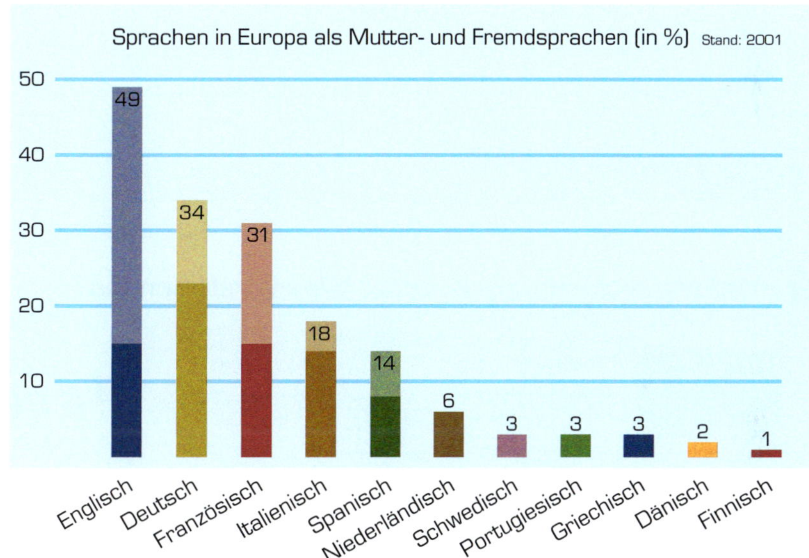

3 Hören Sie die Wörter. Ordnen Sie die Paare. Wo wechselt der Akzent?

39

'Dänemark – 'Dänisch	'Frankreich – Fran'zösisch

Tschechien – Tschechisch; Slowakei – Slowakisch; Polen – Polnisch; Italien – Italienisch

4 Sprachen im Kurs. Machen Sie eine Tabelle.

Ü 11

Ich heiße Laura und komme aus Italien. Dort spricht man Italienisch und in Südtirol auch Deutsch. Ich spreche auch Englisch und Spanisch.

Name	Land	Sprachen

5 Konversation. Üben Sie.

Redemittel

über Sprachen sprechen

Sprechen Sie ...? / Sprichst du ...?	Ich spreche ...
Was sprechen Sie? / Was sprichst du?	
Welche Sprache(n) sprechen Sie? / sprichst du?	
Welche Sprachen spricht man in ...?	Bei uns spricht man ...
Was spricht man in ...?	

6 Mehrsprachigkeit in Europa. Was verstehen Sie?

7 Name – Stadt – Region – Land – Sprachen

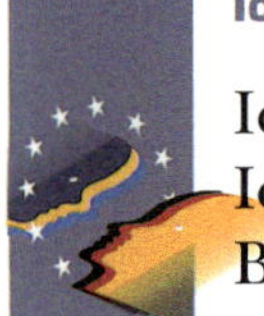

Ich-Texte schreiben

Ich heiße ...
Ich komme aus ... Ich wohne jetzt in ...
Bei uns in ... spricht man ...

5 Deutsch im Kontakt

1 **Was passiert wo?** **Lesen Sie die Texte und ergänzen Sie die Orte.**

Ü 12

1. Im bilingualen Kurs lernen die Kinder Deutsch, Englisch und Tschechisch.

   ....

2. Im Euregio-Projekt kooperieren zwei Länder.

   ....

3. In dieser Region kooperieren Universitäten.

   ....

Pirna/Sachsen –
Friedrich-Schiller-Gymnasium

Am *Friedrich-Schiller-Gymnasium* in Pirna lernen Schülerinnen und Schüler aus Deutschland (Sachsen) und Tschechien. Im bilingualen Kurs lernen die Kinder Englisch und Tschechisch.

„Euregios" sind Nachbarregionen in der EU. Die Regionen kooperieren international über die nationalen Grenzen.

In der Euregio SaarLorLux zwischen dem Saarland, Lothringen und Luxemburg gibt es viele ökonomische, akademische und kulturelle Kooperationen. Jeden Tag fahren mehr als 120 000 Menschen über die Grenzen zur Arbeit.

Die Steiermark (Österreich) und Slowenien sind Nachbarn. Im Euregio-Projekt kooperieren sie in der Telekommunikation, im Tourismus und im Verkehr.

2 **Suchen Sie die Länder und Regionen auf den Karten auf Seite 44 und Seite 47.**

3 **Mehrsprachigkeit in Ihrem Land.** **Nennen Sie Beispiele.**

Übungen 3

1 **Grüße aus Europa.** Verbinden Sie.

Was ist das?	1	a	Das Schloss Sanssouci ist in Potsdam.
Und wo ist das?	2	b	Das ist in Deutschland.
In welchem Land ist das?	3	c	Das ist das Schloss Sanssouci.

2 **Kennen Sie das?** Schreiben Sie Sätze.

das Schloss Sanssouci

der Maintower

die Semperoper

der Zytgloggeturm

der Stephansdom

1. Das ist das Schloss Sanssouci. Das Schloss Sanssouci ist ...
2. ...

40

3 Wo ist das? Hören Sie und verbinden Sie die Namen, die Städte und die Länder.

A Frank	1 Interlaken	a in den USA
B Mike	2 Bratislava	b in Deutschland
C Nilgün	3 San Diego	c in der Schweiz
D Stefanie	4 Koblenz	d in der Türkei
E Swetlana	5 Izmir	e in der Slowakei

4 Städtenamen. Ordnen Sie die Buchstaben. Die Städte finden Sie in der Karte auf S. 52.

1. A-Z-B-U-L-S-R-G ....
2. B-E-I-L-N-R ....
3. Ü–R–C–H–Z–I ....
4. Z-N-A-I-M ....
5. S-Ü-D-D-E-L-R-O-F-S ....
6. B-R-I-C-K-N-N-S-U ....

5 Wo liegt …? Beschreiben Sie.

1. Augsburg – München: *Augsburg liegt nordwestlich von München.*
2. Linz – Wien: ....
3. Innsbruck – Salzburg: ....
4. Wiesbaden – Frankfurt am Main: ....
5. Erfurt – Weimar: ....
6. Frankfurt an der Oder – Berlin: ....
7. Lübeck – Hamburg: ....
8. Bremen – Hannover: ....
9. Bonn – Köln: ....
10. Bern – Basel: ....
11. Stade – Hamburg: ....
11. Dessau – Magdeburg: ....

nördlich von
im **Norden** von

nordwestlich von

nordöstlich von

westlich von
im **Westen** von

östlich von
im **Osten** von

südwestlich von

südöstlich von

im **Süden** von
südlich von

 41

6 **Im Café.** Ergänzen Sie die Sätze und kontrollieren Sie mit der CD.

aus – aus Spanien – bitte – frei – gern – Entschuldigung – ich – im Deutschkurs – komme – kommst – sagen – schon mal – südwestlich – trinkst – warst – wo – woher

Carmen: ...., ist hier ....?

Antek: Ja, ... Sind Sie auch ....?

Carmen: Ja. .... wir „du"?

Antek: Okay, ... kommst du?

Carmen: Ich .... aus España.

Antek: Ach, ...

Carmen: Ja, aus Spanien. .... du .... in Spanien?

Antek: Ja, ... war in Madrid und Sevilla. Und woher .... du?

Carmen: .... Córdoba.

Antek: Das kenne ich nicht. .... liegt das?

Carmen: .... von Madrid. .... du auch Kaffee?

Antek: Ja, ... – Zwei Kaffee, bitte!

7 Ergänzen Sie das Präsens von *sein.*

8 **Eine Postkarte.** Ergänzen Sie das Präteritum von *sein*.

Hallo Silva,

gestern .... wir in Mailand.
Es .... sehr schön. Ich
.... in der Mailänder Scala!
.... du schon mal in der
Scala? Wir .... dann noch
in einer Bar: italienischer Wein ... Mmmmh!

Tschüss, Carol-Ann

Silva Agnelli
Fichtestraße 15
D-10961 Berlin
Germania

ITALIA € 0,41

9 **Ein Treffen im Café.** Schreiben Sie Sätze und lesen Sie den Dialog.

1. du – Woher – kommst – ?

■ ....

2. Russland – aus – komme – Ich

◆ ....

3. mal – war – schon – in – Ich – Moskau

■ ....

4. Russisch – Sprichst – du – ?

◆ ....

5. ich – Nein – Englisch – spreche – und – Französisch – Deutsch

■ ....

6. zusammen – wir – Trinken – Kaffee?

◆ ....

10 Was passt zusammen? Verbinden Sie.

Woher kommst du?	1	a	Ja, aus Izmir.
Kommt Nilgün aus der Türkei?	2	b	Ja, in Coimbra.
Ist das in München?	3	c	Aus Mainz.
Wohnt sie jetzt in Portugal?	4	d	Nein, wo ist das?
Sprechen Sie Englisch?	5	e	Nein, das ist in Salzburg.
Kennst du das Schloss Sanssouci?	6	f	Ja, gern.
Trinken Sie auch einen Kaffee?	7	g	Nein, nur Französisch und Deutsch.

11 **Sprachen in den Nachbarländern von Deutschland.** Ergänzen Sie.

Dänisch – Deutsch – Deutsch – Deutsch – Flämisch – Französisch – Französisch – Französisch – Französisch – Italienisch – Letzeburgisch – Niederländisch – Polnisch – Tschechisch – ~~Rätoromanisch~~

Land	*Sprache(n)*
Frankreich	....
Belgien	....
Luxemburg	....
Dänemark	....
Polen	....
Tschechien	....
Österreich	....
Schweiz	Rätoromanisch, ...
Niederlande (Holland)	....

Welche Sprachen spricht man in Ihrem Land?

12 **Euregio.** Lesen Sie den Text und ergänzen Sie die Verben.

Euro-Region Rhein-Maas

Euregios .... Nachbarregionen in der EU. Die Regionen kooperieren international über die Grenzen. In der Euregio Rhein-Maas zwischen Deutschland, den Niederlanden und Belgien .... es viele ökonomische, akademische und kulturelle Kooperationen. Jeden Tag .... viele Menschen über die Grenzen zur Arbeit.
An der Realschule Hückelhoven nördlich von Aachen .... Schülerinnen und Schüler aus Deutschland Niederländisch und Französisch.

Das kann ich auf Deutsch

über Städte und Sehenswürdigkeiten sprechen

Warst du schon mal in …? | Wo ist das? In welchem Land ist das?

die geografische Lage angeben

Potsdam liegt südwestlich von Berlin.

■ Wo liegt denn Innsbruck?
◆ Südlich von München.

über Länder und Sprachen sprechen

■ Welche Sprachen sprechen Sie / sprichst du?
◆ Englisch, Russisch und etwas Deutsch.

■ Sprichst du Russisch?
◆ Nein, ich spreche Tschechisch.

■ Welche Sprache(n) spricht man in …?
◆ In Polen spricht man Polnisch.

Wortfelder

geografische Lage

im Norden von …, nordwestlich von …, östlich von …

Sprachen

Türkisch, Tschechisch, Italienisch …

Grammatik

Präteritum von *sein*

Waren Sie schon in …? Ich **war** in …

W-Frage

Woher (kommst) du?

Aussagesatz

Ich (komme) aus Tunesien.

Satzfrage

(Kennst) du Tunis?

Aussprache

Satzakzent

Was 'ist das?

Wortakzent

'Dänisch/Fran'zösisch

42

Laut lesen und lernen

■ Warst du schon mal in Singapur?
◆ Nein, noch nie.

Wo warst du gestern?

4 Menschen und Häuser

1 Wohnen in Deutschland, Österreich und der Schweiz

das Hochhaus

das Bauernhaus

das Zimmer im Studentenwohnheim

1 Wer wohnt wo? Lesen Sie die Texte und ordnen Sie zu.

1. ▪ Norbert Kranz, 43, und Antje van Hecke, 33, kommen aus Köln. Ihre Wohnung im 12. Stock ist hell und groß. Sie kostet 800 Euro. Das finden Norbert und Antje teuer.
2. ▪ Petra Galle, 39, und ihr Mann Guido, 41, wohnen in Olpe. Sie haben zwei Kinder: Tim, 9, und Annika, 7 Jahre alt. Sie haben ein Haus mit Garten. Petra findet: „Unser Garten ist groß."
3. ▪ Ulli Venitzelos, 49, und seine Kinder Rolf, 22, und Simone, 17, haben eine Altbauwohnung in Hamburg. Sie leben gern in der Stadt.
4. ▪ Anja Jungbluth, 24, hat ein Zimmer im Studentenwohnheim. Das Zimmer ist 14 m^2 groß. Anja findet ihr Zimmer sehr klein.
5. ▪ Bruno und Heide Glück, beide 71, wohnen auf dem Land. Ihr Haus ist ziemlich alt. Sie sagen: „Unser Haus liegt sehr ruhig."

Hier lernen Sie

- eine Wohnung beschreiben
- über Personen und Sachen sprechen
- Possessivartikel im Nominativ
- Artikel im Akkusativ
- Adjektive im Satz
- Graduierung mit *zu*
- Konsonanten *ch*, Wortakzent in Komposita, etwas besonders betonen (Kontrastakzent)

c

das Einfamilienhaus

e

die Altbauwohnung

2 **Texte lesen und verstehen.** **Ergänzen Sie die Sätze.**

Ü1

1. Norbert und Antje wohnen im 12. ………………………………… .
   Ihre ………………………………… ist ………………………………… und groß, aber auch sehr ………………………………… .
2. Petra Galle und ihr Mann Guido ………………………………… in Olpe. Sie haben ein ………………………………… mit Garten. Petra findet ihren ………………………………… ………………………………… .
3. Ulli, Rolf und Simone wohnen in der ………………………………… .
   Sie haben eine ………………………………… in Hamburg.
4. Anja wohnt im ………………………………… . Sie sagt: „Mein ………………………………… ist sehr ………………………………… ."
5. Bruno und Heide haben ein Haus auf dem ………………………………… . Ihr Haus ist ………………………………… und liegt sehr ………………………………… .

2 Wohnungen

1 Wie heißen die Zimmer? Das Wörterbuch oder die Wörterliste helfen.

1. wohnen: ....das Wohnzimmer....
2. essen: ....
3. schlafen: ....
4. baden: ....
5. Kinder: ....
6. kochen: ....die Küche....

43 Ü2

2 Ulli Venitzelos beschreibt seine Wohnung

a) Hören Sie. Welche Zeichnung passt?

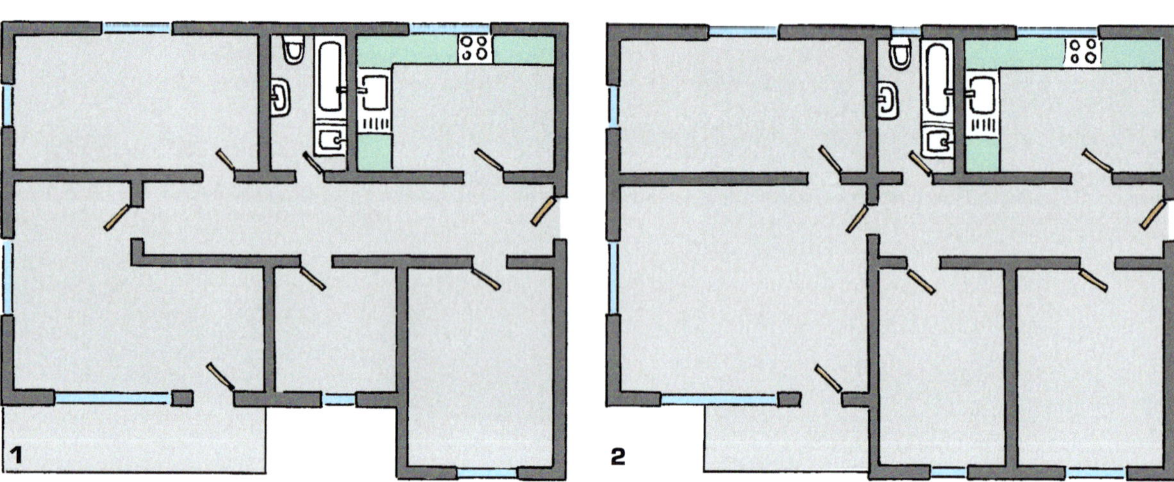

b) Hören Sie noch einmal und lesen Sie. Ergänzen Sie die Namen der Räume oben.

Unsere Wohnung hat vier Zimmer, eine Küche, ein Bad und einen Balkon. Hier links ist das Zimmer von Rolf. Sein Zimmer ist groß, aber was für ein Chaos! Rechts ist die Küche. Unsere Küche ist wirklich schön – groß und hell. Das Bad hat kein Fenster und ist klein und dunkel. Unser Wohnzimmer hat nur 17 qm, aber es hat einen Balkon! Der Balkon ist groß. Hier rechts ist das Zimmer von Simone. Ihr Zimmer ist auch groß und hell! Mein Zimmer ist sehr klein. Der Flur ist lang und meine Bücherregale haben hier viel Platz! Unsere Wohnung kostet 600 Euro, das ist billig!

44

3 Kochen – Küche. Aussprache von *ch*.

a) *ch* wie *kochen* oder wie *Küche*? Ordnen Sie zu.

~~acht~~ – ~~Österreich~~ – richtig – auch – das Buch – das Mädchen – östlich – welcher – das Gespräch – gleich – doch – machen – München – suchen – nicht – sprechen – die Sprache – die Bücher – ich – möchten – die Technik

ch wie kochen [x]	*ch* wie Küche [ç]
acht	Österreich
....	....

b) Hören Sie die Wörter, kontrollieren Sie Ihre Tabelle und ergänzen Sie die Regel.

Regel *ch* nach den Vokalen .... wie in *kochen*, sonst wie in *Küche*.

3 Possessivartikel im Nominativ

9.5

1 **Meine Bücher – deine Videos – unsere Wohnung.**
Lesen Sie die Dialoge und sammeln Sie die Possessivartikel in Aufgabe 1.1 und Aufgabe 2.2 und ergänzen Sie die Tabelle.

Grammatik

Personalpronomen	Possessivartikel Singular der Balkon	das Zimmer	die Küche	Plural die Balkone/ Zimmer/ Küchen
ich	*mein*	....	....	....
du	....	*dein*	....	*deine* ....
er	....	....	*seine*	....
es	*sein*	....	....	....
sie	....	....	....	*ihre* ....
wir	....	....	*unsere*	....
ihr	*euer*	....	*eure*	....
sie	*ihr*	....	....	....
Sie	*Ihr*	....	*Ihre*	....

45

2 **Hören Sie die Dialoge. Markieren Sie die Kontrastakzente.**

■ Ist das 'dein Auto? ◆ Ja, das ist mein Auto.

■ Ist das dein Heft? ◆ Nein, das ist das Heft von Hassan, das ist sein Heft.
◆ Nein, das ist das Heft von Fatma, das ist ihr Heft.

3 **Ist das dein ...? Fragen und antworten Sie. Achten Sie auf die Kontrastakzente.**
Ü 3–4

■ Ist das dein Wörterbuch? ◆ Ja, das ist mein ...
◆ Nein, das ist das Wörterbuch von ...

■ Ist das deine CD / dein Kuli / ...? ◆ Ja, ...
◆ Nein, ...

4 Zimmer beschreiben – Adjektive

43

1 Wie sind die Zimmer? Hören Sie den Text von Seite 60 noch einmal und ergänzen Sie die Tabelle.

	Adjektiv
das Zimmer von Ulli	....
die Küche	....
das Bad	....
das Wohnzimmer	....
der Balkon	....
der Flur	....

hell dunkel lang

klein groß schön

2 **Wortschatz systematisch lernen.** Ergänzen Sie das Gegenteil.

Ü5

1. groß ....
2. .... dunkel
3. billig ....
4. neu ....
5. .... leise

! Lerntipp

Adjektive immer mit dem Gegenteil lernen!

schön – hässlich
lang – kurz

9.4

3 **Akkusativ**

a) Lesen Sie die Dialoge und markieren Sie die Artikel im Akkusativ.

Grammatik

Nominativ	Akkusativ	
der/ein Balkon	den/einen Balkon	Ich finde den Balkon zu klein.
das/ein Haus	das/ein Haus	Ich finde das Haus teuer.
die/eine Toilette	die/eine Toilette	Ich finde die Toilette zu klein.

b) Sprechen Sie über eine bestimmte Wohnung. Üben Sie im Kurs.

Ich finde den Balkon / die Küche / das Bad / den Flur / …
zu groß / zu dunkel / zu klein. … Ich finde …

4 Eine Traumwohnung?

Ü 6–8

a) Lesen Sie und beschreiben Sie die Bilder.

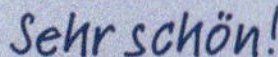

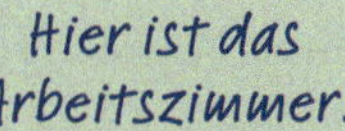

Ich finde deine Wohnung sehr schön!
Ja, wirklich? – Danke!
... und zu teuer.
Entschuldigung, wo ist eure Toilette?

Redemittel

Wohnungen beschreiben und kommentieren

Meine Wohnung Die Küche / Der Balkon Das Kinderzimmer	ist	zu teuer/dunkel/klein/laut. groß/hell/modern/alt. ein Traum.	
Das Rechts (daneben) / Links Hier	ist	das Zimmer von Rolf. der Balkon / das Bad / die Küche.	
Meine Wohnung Mein Haus Das Haus von Guido und Petra Galle	hat	drei Zimmer. (k)einen Garten. (k)ein Arbeitszimmer. (k)eine Küche.	
Ich	finde	den Garten das Haus die Kinderzimmer	schön. zu groß. chaotisch.

b) Zeichnen Sie eine Wohnung und geben Sie das Bild weiter. Ihre Partnerin / Ihr Partner beschreibt die Wohnung.

5 Wörter bauen

11 Ü9

1 Komposita

a) Der, das, die? Ergänzen Sie. Die Artikel finden Sie in der Wörterliste.

.... Küchentisch .... Schreibtischlampe .... Bücherregal

b) Möbel zu Hause. Finden Sie mehr Beispiele.

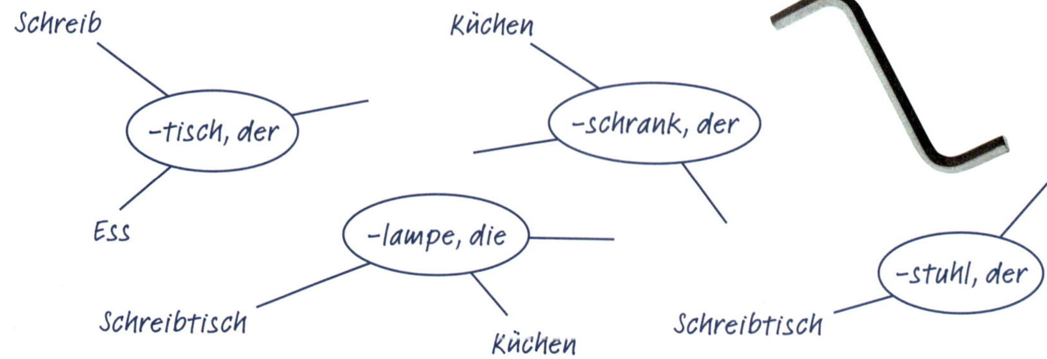

c) Wie ist die Regel?

die Bücher — das Regal — das Bücherregal

Regel Ein Bücherregal ist ein Regal. Regal ist das Grundwort. Das Grundwort bestimmt den ....

46

2 Hören Sie die Wörter. Markieren Sie den Wortakzent. Wie ist die Regel?

1. der Schreibtisch
2. der Esstisch
3. das Bücherregal
4. die Küchenlampe
5. der Küchenschrank
6. der Bürostuhl

Regel Die Betonung ist immer auf dem ☐ ersten / ☐ zweiten Wort.

3 Wo stehen die Möbel? Ordnen Sie zu. Es gibt mehrere Möglichkeiten.

das Wohnzimmer	die Küche	das Arbeitszimmer	das Schlafzimmer
das Sofa	....	....	....

6 Wortschatz systematisch lernen

1 **Probieren Sie verschiedene Techniken für das Lernen von Wörtern aus. Lesen Sie die Lerntipps und sprechen Sie darüber im Kurs.**

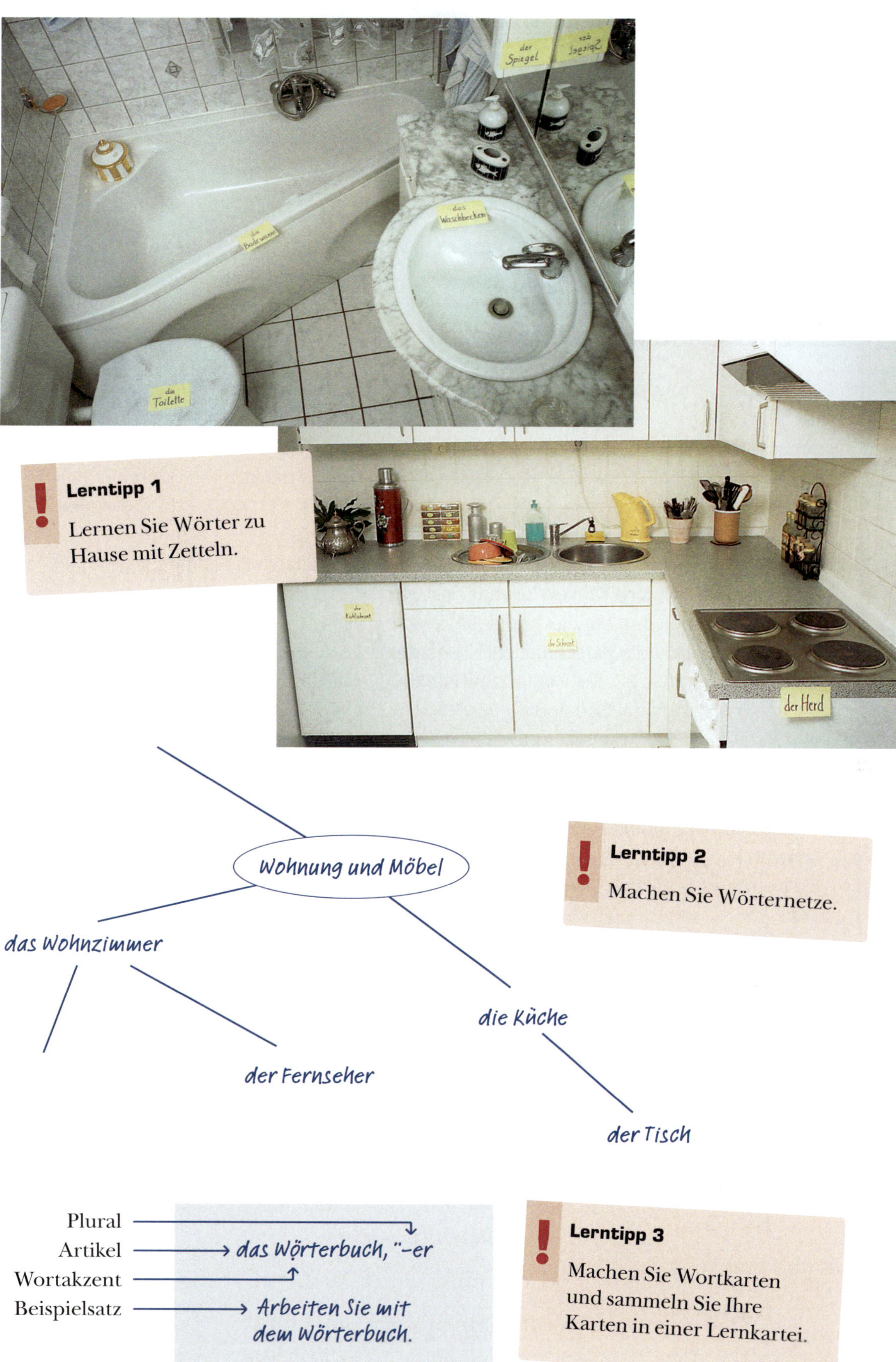

Lerntipp 1

Lernen Sie Wörter zu Hause mit Zetteln.

Lerntipp 2

Machen Sie Wörternetze.

Lerntipp 3

Machen Sie Wortkarten und sammeln Sie Ihre Karten in einer Lernkartei.

7 Der Umzug

1 **Umzugschaos.** **Wer macht was? Lesen Sie die E-Mail. Ordnen Sie die Informationen zu.**
Ü 10–11

Antworten Allen antworten

Liebe Sonja,

unser Umzug ist ein Chaos! Meine Bücher sind schon in den Umzugskartons.
Bernd packt seine CDs und seine Videos. Nils und Frauke packen ihre Bücher. Und ich? Ich mache jetzt Pause, trinke Kaffee und schreibe E-Mails. Ein Glück – der Computer funktioniert noch.
Nils fragt 15-mal pro Tag: „Ist mein Zimmer groß?" „Ja, Nils, dein Zimmer ist groß." „Und das Zimmer von Frauke?" „Jaaaa, ihr Zimmer ist auch groß." Zwei Kinder – ein Kinderzimmer, das war hier immer ein Problem.
Mein Schreibtisch, die Waschmaschine und der Herd sind schon in der neuen Wohnung in der Schillerstraße 23. Die Postleitzahl ist: 50122. Die Wohnung ist 120 qm groß, Altbau, sehr zentral in der Südstadt, im 3. Stock, 5 Zimmer (!!!), Küche, Bad, Balkon und ein Garten. Das Wohnzimmer hat vier Fenster, es ist hell und ca. 35 qm groß, der Flur ist breit und lang. Wir hatten einfach Glück – die Wohnung ist ein Traum und nicht teuer. Aber unser Esstisch steht jetzt im Wohnzimmer – die Küche ist zu klein!
Armer Bernd! Er arbeitet viel, aber sein Rücken macht Probleme, der Herd war doch zu schwer …
Du siehst, wir brauchen deine Hilfe!!!

Viele Grüße und bis morgen
deine Kirsten

Bernd **1**
Kirsten **2**
Nils und Frauke **3**
Sonja **4**

a schreibt E-Mails.
b hat Rückenschmerzen.
c packt seine CDs und Videos.
d packen ihre Bücher.
e bekommt eine E-Mail.
f kommt morgen und hilft.
g macht Pause und trinkt Kaffee.

8 Wohnen interkulturell

1 **Wohnformen.** Sehen Sie die Fotos an und ordnen Sie die Sätze zu. Ein Foto ist nicht aus Deutschland und ein Foto ist 100 Jahre alt.

1. ▢ Um 1900 haben viele Familien in Deutschland nur ein Zimmer.
2. ▢ Jedes Kind hat ein Zimmer.
3. ▢ Die Möbel sind ziemlich groß und dunkel. Das Zimmer ist sehr voll.
4. ▢ Das Treppenhaus ist kein Spielplatz.
5. ▢ Viele Familien haben ein Esszimmer.
6. ▢ Kein Bett, kein Stuhl – ich finde das schön!

2 **Und in Ihrem Land? Sprechen Sie im Kurs.**
Ü12

Wir haben kein Esszimmer.

Bei uns gibt es auch ein ...

Wir haben ein ...

Hochhäuser finde ich ...

Meine Möbel sind ...

Übungen 4

1 Häuser und Wohnungen. Sammeln Sie Wörter.

auf dem Land

das Hochhaus

teuer

die Wohngemeinschaft

47

2 Norbert und Antje suchen eine neue Wohnung. Hören Sie zu.

a) Was ist richtig?

Die Wohnung hat

- drei Zimmer.
- zwei Schlafzimmer.
- zwei Kinderzimmer.
- eine Toilette.
- einen Balkon.
- eine große Küche.
- ein kleines Bad.
- ein Wohnzimmer.

b) Hören Sie noch einmal und ergänzen Sie die Sätze.

Die Wohnung hat ...., Küche, Bad, Toilette und Balkon. Rechts und links sind .... Die Küche und das Bad haben .... Fenster. Das Wohnzimmer ist sehr .... Das Wohnzimmer und das Schlafzimmer haben eine Tür zum .... Das Bad ist leider .... Die Wohnung kostet nur .... Euro.

3 Ergänzen Sie die Possessivartikel.

ihr .... Fernseher
.... Zimmer
.... Vase
.... Videos

.... Fernseher
.... Zimmer
.... Vase
.... Videos

4 Ergänzen Sie die Possessivartikel.

- ■ Hallo, Antje und Norbert! Vielen Dank für die Einladung. .... Wohnung ist ja ganz neu! Norbert, ist das .... Zimmer?
- ◆ Ja, das ist .... Arbeitszimmer. Und hier links ist .... Küche.
- ■ Oh, die ist aber groß. .... Küche ist sehr schön. Ist das das Zimmer von Antje?
- ◆ Ja, das ist .... Arbeitszimmer.
- ■ Und wo ist .... Schlafzimmer?
- ◆ Hier rechts. Und hier ist .... Wohnzimmer. Möchtet ihr etwas trinken?

5 Adjektive. Was passt?

1. Die Wohnung kostet 900 Euro. Das finden Norbert und Antje
   - teuer.
   - schön.
   - klein.
2. Anja wohnt im Studentenwohnheim. Das Zimmer ist nur 14 qm
   - ruhig.
   - lang.
   - groß.
3. Bruno und Heide wohnen in einem Bauernhaus. Es ist ziemlich
   - modern.
   - lang.
   - alt.
4. Familie Galle hat ein Haus mit Garten. Der Garten ist
   - teuer.
   - groß.
   - hässlich.
5. Wir wohnen in der Stadt, im Zentrum. Es ist leider etwas
   - laut.
   - lang.
   - alt.
6. Petra lebt in Köln. Ihre Wohnung ist klein, aber der Flur ist
   - teuer.
   - hässlich.
   - lang.

6 **Der Akkusativ.** Bestimmter oder unbestimmter Artikel? Ergänzen Sie.

Unser Haus ist sehr alt. Es hat fünf Zimmer. Oben gibt es .... Balkon. Das Wohnzimmer ist groß, aber ich finde .... Küche zu klein. Das Haus hat .... Flur. Er ist lang und dunkel. Wir haben auch .... Garten. Ich finde .... Garten sehr schön.

7 Ordnen Sie und schreiben Sie Sätze.

1. ~~ist~~ – modern – sehr – ~~Wohnung~~ – ~~meine~~
   Meine Wohnung ist ....
2. von – Rolf – links – das – ist – Zimmer
   ....
3. unser – keinen – Garten – hat – Haus
   ....
4. Zimmer – nur – hat – 14 qm – das – im Studentenwohnheim
   ....
5. hat – meine – und – Wohnung – kein – Bad – ist – sehr klein
   ....

8 **Möbel im Kursraum.** Schauen Sie sich um: Welche Möbel kennen Sie auf Deutsch? Machen Sie eine Liste.

48 **9** **Komposita.** Hören Sie und ergänzen Sie.

1. *die* ...... *Treppe* .... + *das* ......
   = *das* ...... *Treppenhaus* ....
2. .... + ...
   = ...
3. .... + ...
   = ...
4. .... + ...
   = ...

10 **Der Umzug.** Ergänzen Sie die Sätze und lösen Sie das Rätsel.

1. Die .... ist schon in der neuen Wohnung.
2. Schreibtisch und .... stehen im Arbeitszimmer.
3. Armer Bernd! Sein Rücken macht Probleme. Der .... war sehr schwer.
4. In der Küche steht der .... Wir können jetzt essen.
5. Der .... ist breit und lang.
6. Der .... Fernseher .... steht im Wohnzimmer.
7. Die Bücher von Sonja kommen in das ....

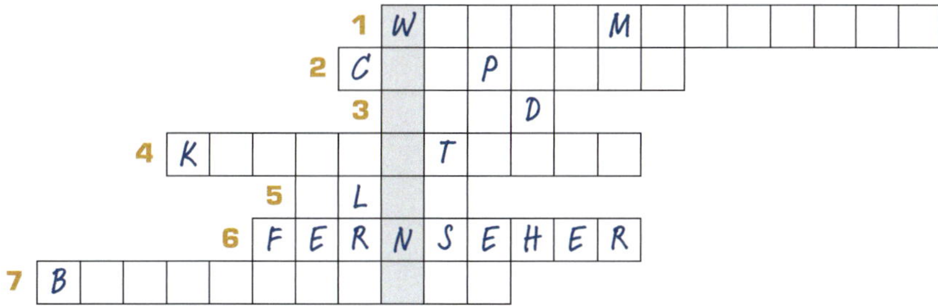

Lösungswort: ....

11 Hören Sie, was Anja sagt. Notieren Sie die Namen der Gegenstände.

das Bücherregal ....

....

50

12 Wohnen interkulturell. **Herr Hayashida ist Japaner. Er lebt in Deutschland. Was sagt er über das Wohnen in Deutschland? Hören und lesen Sie. Verbinden Sie die Sätze.**

Ich wohne jetzt seit sechs Monaten in Deutschland. Meine Wohnung hier ist sehr schön: groß und hell. Ich habe drei Zimmer, eine Küche und ein Bad. Meine Wohnung in Japan ist nur sehr klein. Hier in Deutschland habe ich 83 qm. Das ist fantastisch. Leider habe ich keinen Balkon. Das finde ich nicht gut. In Japan hat jede Wohnung einen Balkon. Ja, und das Badezimmer in Deutschland ist nicht schön. Die Toilette und das Bad sind zusammen. Das gefällt mir nicht. In Japan gibt es die Toilette und das Bad immer extra. In Deutschland schläft man im Schlafzimmer, isst im Esszimmer und wohnt im Wohnzimmer. In Japan machen wir alles in einem Zimmer: Wir schlafen, wohnen und essen in einem Zimmer.

Herr Hayashida wohnt **1**	**a** er keinen Balkon.
Seine Wohnung hier ist **2**	**b** jetzt in Deutschland.
Seine Wohnung hat **3**	**c** das Bad und die Toilette zusammen.
In Japan isst, schläft und wohnt man **4**	**d** die Toilette und das Bad extra.
In Deutschland hat **5**	**e** in einem Zimmer.
In Japan hat jede Wohnung **6**	**f** groß und hell.
In Deutschland sind **7**	**g** nicht schön.
In Japan sind **8**	**h** einen Balkon.
Er findet das Bad in Deutschland **9**	**i** drei Zimmer.

Das kann ich auf Deutsch

eine Wohnung beschreiben

Unsere Wohnung hat ... Zimmer.
Rechts ist die Küche und links ist das Zimmer von Bernd.
Das Zimmer ist groß.

über Sachen sprechen

Das Kinderzimmer ist ein Traum!
Der Flur ist zu dunkel!
Ich finde den Garten schön!
Petra Galle und ihr Mann haben ein Haus mit Garten.

Wortfelder

wohnen	das Hochhaus, das Einfamilienhaus, der Altbau die Wohnung, das Kinderzimmer, der Balkon ...
Möbel	das Bett, der Tisch, die Lampe, der Stuhl ...
Adjektive	groß – klein, billig – teuer, hell – dunkel

Grammatik

Possessivartikel im Nominativ	**mein** Zimmer, **deine** Küche, **euer** Garten
Artikel im Akkusativ	Hat die Wohnung **einen** Balkon? Sie finden **den** Garten schön.
Adjektive im Satz	Der Flur ist **lang**. Das Bad ist **klein** und **dunkel**.
Graduierung mit *zu*	Ich finde die Küche **zu** klein.

Aussprache

Konsonanten *ch*	Küche, kochen, suchen, Bücher

51

Laut lesen und lernen

Das ist das Zimmer von Rolf.
Meine Wohnung hat keinen Balkon.
Wir wohnen auf dem Land. / Wir wohnen in der Stadt.
Wie findest du die Wohnung? / Wie finden Sie die Wohnung?
Den Flur finde ich zu klein.

Station 1

1 Berufsbilder

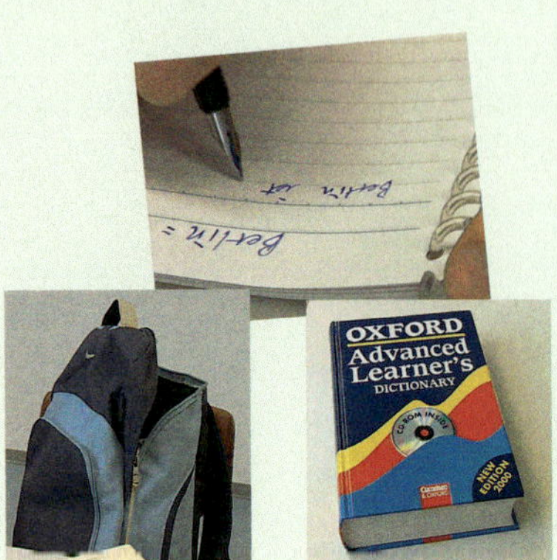

1 a) **Beruf *Deutschlehrerin*. Welche Wörter kennen Sie? Sammeln Sie.**

Material	Tätigkeit	Orte	Kontakte/Partner
Lehrbuch	*lesen*	*Universität*	*Studenten*
....	....	....	....

b) Lesen Sie den Text. Ergänzen Sie die Tabelle aus Aufgabe a).

Regina Werner, Deutschlehrerin

Das ist Regina Werner. Sie ist Deutschlehrerin. Sie hat in Jena Germanistik und Anglistik studiert. Seit 15 Jahren arbeitet sie als Deutschlehrerin. Sie hat Kurse an der Universität Jena und in einem Sprachinstitut. „Viele Stunden Unterricht, abends korrigieren, aber kein fester Job. Das ist normal für Deutschlehrer. Aber der Beruf macht Spaß", sagt sie. Sie arbeitet gern mit Menschen und mag fremde Kulturen. Ihre Studenten kommen aus China, Russland, Japan und Südamerika. Sie arbeitet mit Lehrbüchern und Wörterbüchern, mit Video und CDs. Die Studenten arbeiten auch mit Computern. Frau Werner und die Studenten machen oft Projekte: Sie besuchen den Bahnhof, ein Kaufhaus, das Theater – dort kann man Deutsch lernen. Die Studenten finden die Projekte gut.

2 **Informationen über Regina Werner. Finden Sie Fragen und Antworten.**

Fragen	Antworten im Text
1.	Regina Werner.
2. Wo .... sie?	An der Universität.
3. Was sagt sie?	Der Beruf macht ....
4.	Aus China, ...
5. Was macht sie?	Sie arbeitet mit ....
	....

3 Beruf *Student*. Lesen Sie den Text mit Informationen über Andrick. Was ist richtig? Kreuzen Sie an und korrigieren Sie die falschen Informationen.

1. Andrick studiert in Tamatave.
2. Er lebt seit zwei Jahren in Deutschland.
3. Er hat 16 Stunden Unterricht in der Woche.
4. Er liest E-Mails in der Bibliothek.
5. Er findet in Jena keine Freunde.

Andrick Razandry, Student

Das ist Andrick Razandry. Er ist aus Madagaskar. Aus Tamatave. Das ist im Osten von Madagaskar, am Indischen Ozean. Er hat dort an der Universität studiert. Seit zwei Jahren lebt er in Deutschland. Er studiert Deutsch als Fremdsprache an der Friedrich-Schiller-Universität in Jena. Andrick hat 18 Stunden Unterricht pro Woche. Er arbeitet gern in der Bibliothek. Er sagt: „In der Bibliothek kann ich meine E-Mails lesen und gut arbeiten. Abends ist es dort sehr ruhig." Er kennt viele Studenten und Studentinnen. Die Universität ist international. In den Seminaren sind Studenten und Studentinnen aus vielen Ländern, aus Russland, China und aus den USA. „Am Anfang war für mich alles sehr fremd hier. Jetzt ist es okay. Ich habe viele Freunde und wir lernen oft zusammen." Andrick spricht vier Sprachen: Madagassisch, Französisch, Deutsch und Englisch.

4 Lehrerin – Student: wichtige Wörter. Machen Sie ein Wörternetz.

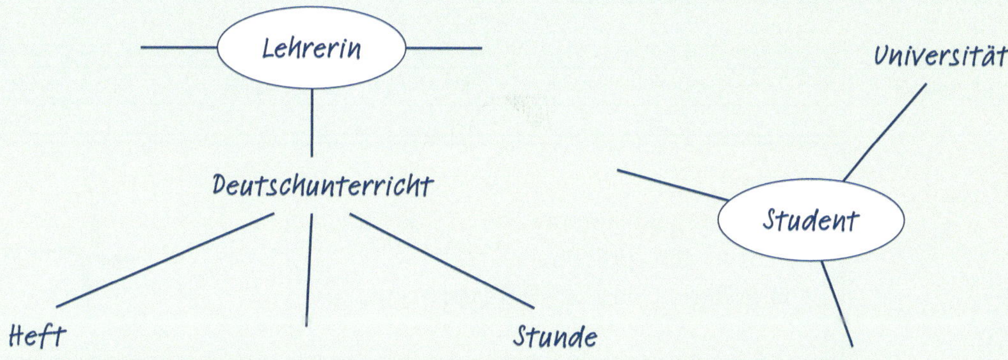

2 Themen und Texte

1 Begrüßung – internationale und regionale Varianten. Machen Sie eine Tabelle und ordnen Sie: Was sagt/macht man wo?

Du oder Sie?

Es gibt keine Regeln. „Sie“ ist offiziell, formal und neutral. Freunde und gute Bekannte sagen „du“. Aus England und aus den USA kommt eine andere Variante: „Sie“ plus Vornamen. Das ist in Deutschland in internationalen Firmen und auch an Universitäten sehr populär.

Begrüßung international

In Deutschland und in Österreich gibt man meistens die Hand. Aus Frankreich, Spanien und Italien kommt eine andere Tradition: Man küsst Bekannte einmal, zweimal oder dreimal. Und in Ihrem Land?

Begrüßung und Verabschiedung regional

„Guten Morgen“, „Guten Tag“, „Guten Abend“ (ab 18 Uhr) und „Auf Wiedersehen“ sind neutral. „Hallo“ und „Tschüss“ hört man sehr oft. Das ist nicht so formal. In Österreich sagt man auch „Servus“ und in der Schweiz „Grüezi“ und „Auf Wiederluege“. In Norddeutschland sagen viele Menschen nicht „Guten Tag“, sie sagen „Moin, Moin“. In Süddeutschland grüßt man mit „Grüß Gott“.

Begrüßung und Verabschiedung in	
Deutschland / Österreich / der Schweiz	Ihrem Land
....	....

2 Sich vorstellen: Ort, Sprachen, Wohnen

Ich-Texte schreiben

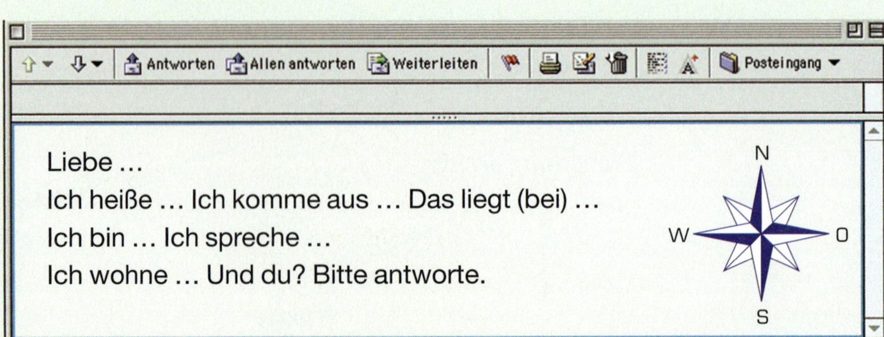

3 Zeichnen Sie Ihren Partner / Ihre Partnerin. Fragen Sie und schreiben Sie die Antworten auf das Plakat.

Woher ...?
Wo wohnst ...?
...

4 Landeskundequiz. Wer findet die Landeskundeinformationen aus den Einheiten 1 bis 4?

1. Millionenstadt in Westdeutschland (Dom)
2. Stadt in D mit vier Buchstaben (Andrick)
3. Populärer Sport in Deutschland
4. Internationales Autoschild für die Schweiz
5. Nachbarland im Osten von Deutschland
6. Ein Land mit Artikel: die T...
7. Land in Südeuropa mit I
8. Hauptstadt der Schweiz
9. Stadt im Westen von Österreich

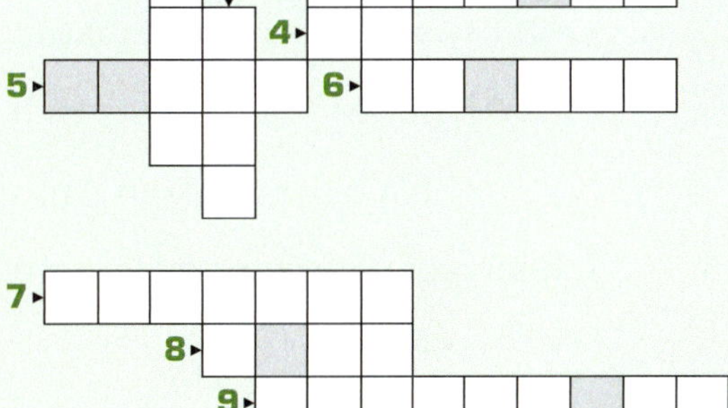

Lösung (Ordnen Sie die Buchstaben auf den grauen Feldern.) ....

52

5 Fußballland Deutschland

a) Suchen Sie auf der Karte: Hamburg, Kaiserslautern, München, Dortmund, Hannover, Rostock, Nürnberg und Freiburg.

b) Hören Sie die Ergebnisse und notieren Sie sie in der Karte.

3 Selbstevaluation: Wortschatz – Grammatik – Phonetik

1 **Grammatikbegriffe. Diese Begriffe haben wir in den Einheiten 1 bis 4 verwendet. Können Sie die Sätze den Begriffen zuordnen?**

				Einheit
Waren Sie schon einmal in Italien?	1	a	Adjektiv	....
Woher kommen Sie?	2	b	Fragewort, W-Wort	....
Wohnst du in Hamburg?	3	c	Präteritum von *sein*	....
Hast du einen Kaffee?	4	d	Possessivartikel	....
Das ist unser Auto.	5	e	Satzfrage	....
Lenka findet Wien fantastisch.	6	f	Personalpronomen	....
Ich habe gar kein Auto.	7	g	Verneinung	....
Ich lerne Englisch und Deutsch.	8	h	Akkusativ	....

2 **Ein Grammatiktest**

a) Ergänzen Sie die Verben.

sprechen (2x) – kommen – wohnen – heißen – möchten – haben – trinken – kennen – liegen – sein – finden

1. ■ M.......................... du Kaffee? ◆ Nein, danke ich t.......................... Tee.
2. ■ K.......................... du aus Spanien? ◆ Nein, aus Italien.
3. ■ Wo .... Sie? ◆ In der Holzhausenstraße.
4. ■ Entschuldigung, wie .... „Balkon" auf Englisch? ◆ Balcony.
5. .... ihr am Samstag Zeit? Wir ziehen um.
6. ■ .... du Französisch? ◆ Nein, ich .... Polnisch und Deutsch.
7. ■ .... du Potsdam? ◆ Nein, wo .... das?
8. ■ Wie .... Sie die Wohnung, Frau Klein? ◆ Super! Sehr schön!
9. ■ .... du schon mal in Bremerhaven? ◆ Nein, wo ist das?

b) Ergänzen Sie die Possessivartikel.

1. ■ Elke, ist das m..................... Heft? ◆ Nein, das ist das Heft von Claudia.
2. Am Samstag kommt .... Freundin. Wir gehen aus.
3. ■ Ist das d..................... Deutschbuch? ◆ Ja, danke.
4. ■ Weißt du, wir haben jetzt einen Hund! ◆ Toll! Und wie heißt .... Hund?
5. ■ Kommt ihr am Freitag? ◆ Nein, ... Auto ist kaputt.
6. ■ Pavel, kann ich .... Füller mal haben? ◆ Ja klar, hier bitte.
7. Jan und Eva haben eine neue Wohnung. Ich finde .... Balkon fantastisch!

c) Fragen Sie nach den unterstrichenen Teilen.

1. Die Wohnung hat einen Balkon. Was hat die Wohnung? ....
2. Das Schlafzimmer ist hier rechts. ....
3. Wir haben kein Arbeitszimmer. ....
4. Ich finde die Küche zu klein. ....

3 Ein Quiz: 7 mal 4 Wörter auf Deutsch

4 Länder	....	....	....	....
4 Sprachen	....	....	....	....
4 Getränke	....	....	....	....
4 Dinge im Kurs	....	....	....	....
4 Räume	....	....	....	....
4 Möbelstücke	....	....	....	....
4 Städte	....	....	....	....

4 „Normale" und markierte Betonung. Hören Sie und lesen Sie laut. Erkennen Sie den Unterschied?

53

'Peter fliegt mit seiner Freundin Johanna nach Italien.
Peter 'fliegt mit seiner Freundin Johanna nach Italien.
Peter fliegt mit seiner Freundin Jo'hanna nach Italien.

5 Das Radioprogramm von heute. Die Umlaute *ä, ö, ü* und das *ch*. Hören Sie und ordnen Sie zu.

54

Schöne Grüße!	1	a	Tschechisches Märchen
Küchenduell	2	b	Dänisches Hörspiel
Städtegespräch	3	c	Französische Dokumentation
Das schöne Mädchen	4	d	Österreichische Talkshow

6 Systematisch wiederholen – Selbsttest. Wiederholen Sie die Übungen. Was meinen Sie: ☺ oder ☹?

Ich kann auf Deutsch	Einheit	Übung	☺ gut	☹ noch nicht so gut
1. Leute begrüßen.	Start	2.3	■	■
2. sagen, woher ich komme.	Start	2.8	■	■
3. sagen, wo ich wohne.	1	2.4	■	■
4. sagen, wo eine Stadt liegt.	3	2.5	■	■
5. auf Deutsch fragen: Wo ... / Woher ...	1	2.9	■	■
6. sagen, wie ich wohne.	4	4.4	■	■
7. sagen, welche Sprachen ich spreche.	3	4.5	■	■
8. im Kurs auf Deutsch nachfragen.	2	6.2	■	■

4 Videostation 1

1 **Bilderreise.** **Ordnen Sie die Bilder den Texten zu.**

Track 1

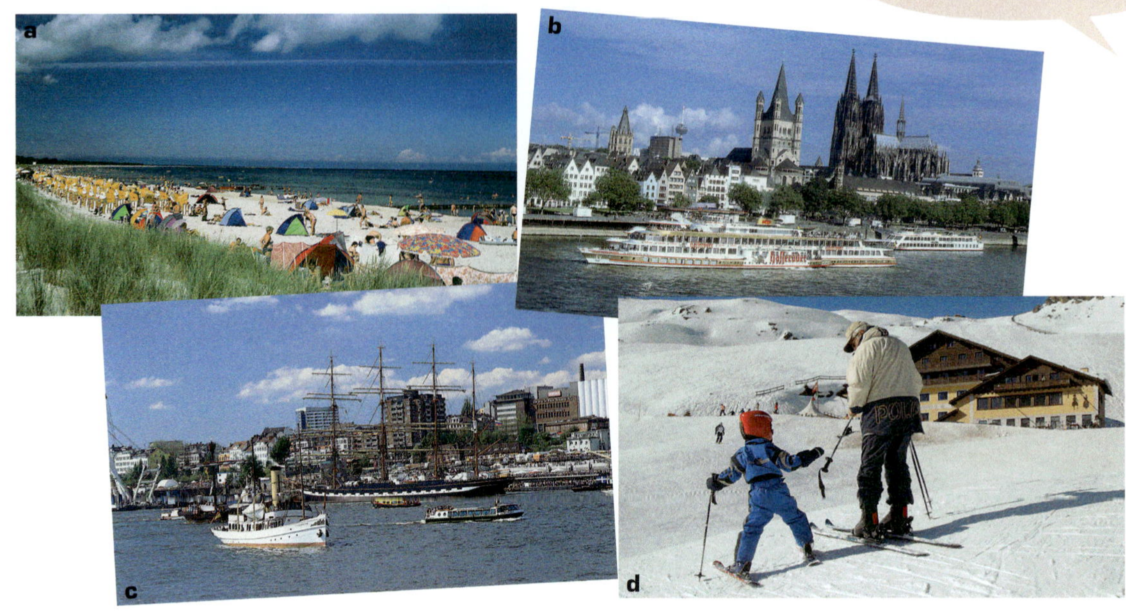

1. ■ Das ist der Rhein. Die Stadt Köln liegt am Rhein. Köln ist eine Millionenstadt im Westen von Deutschland. Der Kölner Dom ist weltbekannt.
2. ■ Das ist die Ostsee. Viele Menschen machen hier im Sommer Ferien, z. B. in Schweden, Dänemark, Polen oder Deutschland.
3. ■ Die Alpen sind im Süden von Deutschland. Viele Menschen fahren zum Wintersport in die Alpen, nach Österreich, in die Schweiz oder nach Norditalien.
4. ■ Die Stadt Hamburg liegt im Norden von Deutschland. Der Hafen von Hamburg ist wichtig für die Industrie, für Export und Import.

2 **Video, Teil 1: Jena. Katjas Freunde: Andrick, Matthias, Justyna und Da.**
Machen Sie Notizen und berichten Sie.

Track 3/03:11

Name	Woher?	Alter	studiert
Andrick	....	....	....
Justyna	....	....	Soziologie und ....
Matthias	....	....	Geschichte, ...
Da	....	?	Auslandsgermanistik und ....

3 Die Stadt Jena. Ergänzen Sie den Text mit Informationen aus dem Video.

Track 2/01:44

1. ....
2. ....
3. ....
4. ....
5. ....

Jena ist eine Stadt in Thüringen. Hier leben ca. **1** Menschen. Das Rathaus steht am **2**. Dort ist auch das **3**, das älteste Haus in Jena. Goethe war oft in Jena. Kurfürst Johann Friedrich hat die **4** gegründet. An der Friedrich-Schiller-Universität studieren 18 000 **5**.

4 Begrüßungen. Was sagen die Studenten und die Lehrerin? Sammeln Sie.

Track 6/05:13

Guten Tag!

Da, ... Sie, bitte!

5 Im Café Bohème. Ergänzen Sie die Dialoge.

Track 10–13/09:38

1.

Justyna: ...., Katja!

Katja: Hi Justyna! Entschuldigung, ich bin zu ....

Justyna: Wo .... du heute Nachmittag?

Katja: In der .... Ich habe mit Andrick für das Seminar .... Und du?

Justyna: Ich hatte Seminar und dann .... ich im Sportstudio. Weißt du was, Matthias arbeitet jetzt hier!

Katja: Aha!?

2.

Justyna: Wir möchten ...., bitte.

Matthias: .... oder getrennt?

Justyna: Getrennt.

Matthias: Das sind dann 2 Euro 20 für den .... und 3,50 für dich, Katja.

6 Video, Teil 2: Die Wohnung in Berlin. Küche und Bad.

Was sehen Sie? Kreuzen Sie an.

Track 18/18:40

ein Waschbecken ☐ – einen Herd ☐ – eine Toilette ☐ – eine Badewanne ☐ – einen Spiegel ☐ – eine Kaffeemaschine ☐ – einen Küchenschrank ☐ – einen Esstisch ☐ – eine Küchenlampe ☐ – Stühle ☐

5 Termine

1 Uhrzeiten

1 **Was kennen Sie? Ordnen Sie die Fotos zu.**

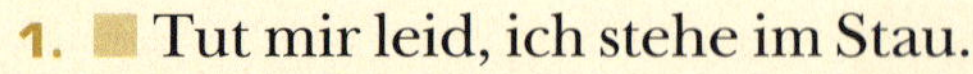

1. ■ Tut mir leid, ich stehe im Stau.
2. ■ Wo bist du? Wann kommst du?
3. ■ Oh, es ist schon drei! Ich komme etwas später.
4. ■ Wir haben ein Terminproblem.

2 **Uhrzeiten – offiziell und in der Umgangssprache.** **Lesen und vergleichen Sie.**
Ü 1–2

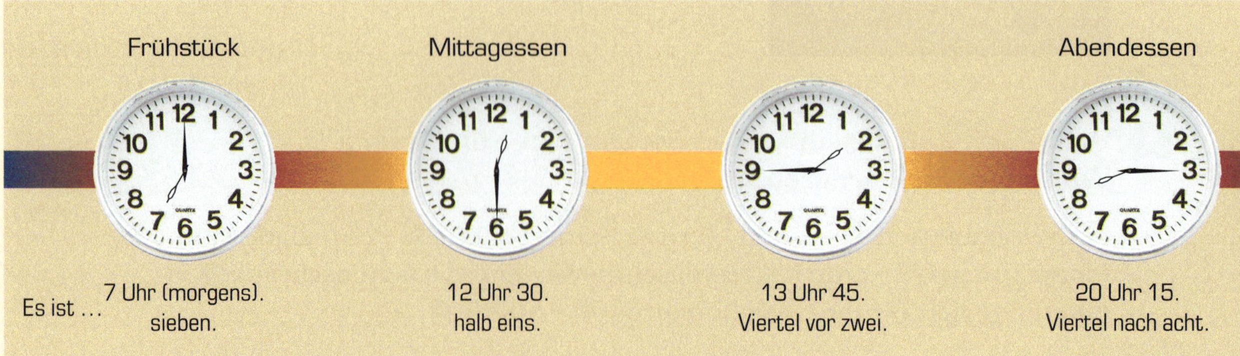

Hier lernen Sie

- Zeitangaben machen (Uhrzeiten / Wochentage)
- Termine machen und sich verabreden
- sich für eine Verspätung entschuldigen
- Fragesätze mit *Wann? Von wann bis wann?*
- Präpositionen mit Zeitangaben: *am, um, von ... bis*
- trennbare Verben: *an-rufen, auf-stehen*
- Präteritum von *haben*
- Verneinung mit *nicht*
- Konsonanten: *p, b, t, d / k, g*

e f

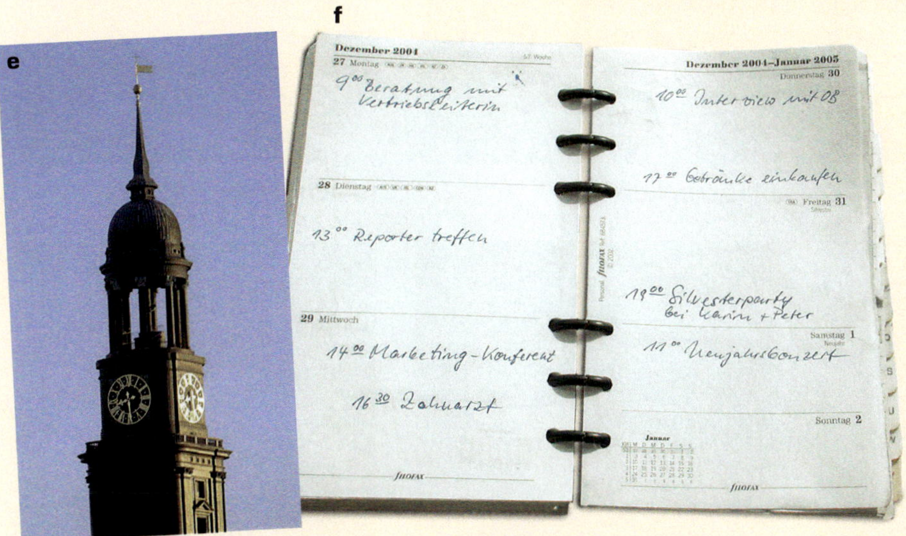

55 **3** **Hören Sie die Uhrzeiten und sprechen Sie nach.**

56 Ü3 **4** **Hören Sie die Uhrzeiten und notieren Sie. Wie spät ist es?**

1. .... 2. ....

3. .... 4. ....

5 **Üben Sie im Kurs mit einer Uhr.**

Entschuldigung, wie viel Uhr ist es?

Entschuldigen Sie, wie spät ist es bitte?

21 Uhr 55.
fünf vor zehn. / kurz vor zehn.

22 Uhr 10.
zehn nach zehn. / kurz nach zehn.

0 (null) Uhr. / 24 Uhr.
zwölf. / Mitternacht.

1 Uhr (nachts).
eins.

2 Tagesablauf und Termine

12 Ü4

1 Tagesabläufe. Arbeiten Sie zu zweit. Fragen und antworten Sie.

aufstehen

frühstücken

arbeiten

essen

ausgehen

schlafen gehen

1. Wann stehst du am Sonntag auf?
2. Und wann stehst du am Montag auf?
3. Wann frühstückst du?
4. Wann machst du Mittagspause?
5. Bis wann arbeitest du?
6. Wann gehst du aus?
7. Wann isst du abends?
8. Wann gehst du schlafen?
9. ...

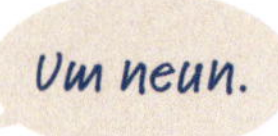

Bis um sechs.

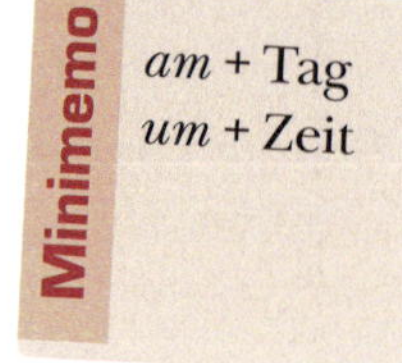

57

2 Hören Sie die Fragen. Markieren Sie die Melodie und sprechen Sie nach.

1. Wann stehst du am Sonntag auf?
2. Von wann bis wann arbeitest du?
3. Wann machst du Mittagspause?
4. Wann gehst du schlafen?

3 „Sprachschatten". Ihr Partner erzählt – spielen Sie Echo.

- ■ Morgens stehe ich um sechs auf. ◆ Aha, du stehst um sechs auf.
- ■ Ich arbeite von neun bis fünf. ◆ Ach so, du arbeitest von neun bis fünf.
- ■ Am Samstag muss ich arbeiten. ◆ Hmm, du musst am Samstag arbeiten.
- ■ ...

 58

4 Wörter mit *k* und *g* am Ende. Hören Sie und lesen Sie mit. Vergleichen Sie.

Gladbeck – Luxemburg – Nürnberg – Glück – Sonntag – Lübeck

 59

5 Einen Dialog vorbereiten. Hören Sie den Anrufbeantworter von Dr. Glas zweimal. Notieren Sie die Sprechzeiten und berichten Sie.

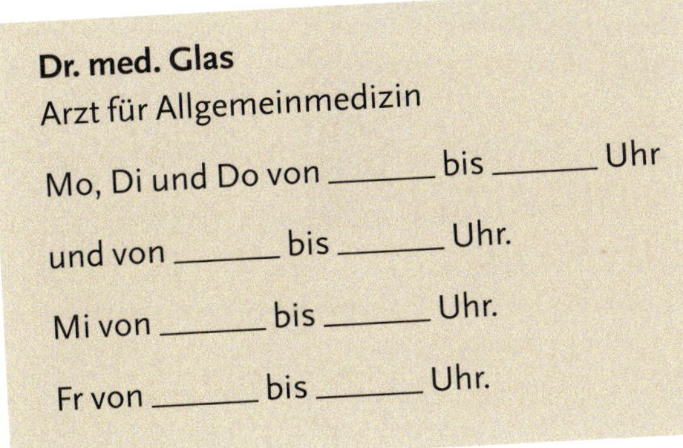

Dr. med. Glas
Arzt für Allgemeinmedizin

Mo, Di und Do von ______ bis ______ Uhr

und von ______ bis ______ Uhr.

Mi von ______ bis ______ Uhr.

Fr von ______ bis ______ Uhr.

Wann ist am Montag Sprechstunde?

Am Montag ist Sprechstunde von 9 bis 13 Uhr und …

6 Sprechzeiten nennen. Wann hat das Ausländeramt Leipzig Sprechzeiten?

Ausländeramt Leipzig

Telefonzeiten
Mo 8.00–12.00 und 13.00–15.00 Uhr
Di 8.00–12.00 und 13.00–18.00 Uhr
Mi, Fr 8.00–12.00 Uhr
Do 13.00–18.00 Uhr

Öffnungszeiten
Mo, Di, Fr 9.00–12.00 Uhr
Di, Do 13.00–18.00 Uhr

Die nachstehenden Daten werden gemäß § 15 Abs. 3 des Berliner Meldegesetzes bestätigt.

ANMELDEBESTÄTIGUNG – Landeseinwohneramt Berlin –

MSt 4/17 Einzugsdatum 8.06.2002
Neue Wohnung (Straße/Platz, Hausnummer, Stockwerk) EBERSSTR. 28, 1OG
Berlin 10827 BERLIN

Bezirksamt Tempelhof-Schöneberg von Berlin
- Bürgerdienste - Meldestelle 4
10820 Berlin

Berlin, den 11. April 04
Im Auftrag

Personen, die heute angemeldet wurden:	Lfd. Nr.	Familienname, akadem. Grad	Vorname(n)
	1	HOENE	CECILE
	2	HOENE	THOMAS BRIAN
	3		
	4		

Landeskunde

Einwohnermeldeamt und Ausländeramt

Ausländer brauchen in Deutschland nach drei Monaten eine *Aufenthaltsgenehmigung*. Die Aufenthaltsgenehmigung hat man immer für ein Jahr. Das Ausländeramt fragt nach dem *Visum*, nach drei *Passfotos* und nach der Wohnung. Die Wohnung muss man beim Einwohnermeldeamt melden. Für die Wohnung hat man einen *Mietvertrag*. Kompliziert? Ja, aber für Ausländer gibt es in allen Ländern spezielle Regeln.

3 Termine machen

60 Ü 5–6

Beim Arzt

a) Hören Sie den Dialog: Wann ist der Termin?

b) Lesen und üben Sie den Dialog zu zweit.

■ Praxis Dr. Glas.
◆ Albertini, ich hätte gern einen Termin.
■ Waren Sie schon einmal hier?
◆ Äh, nein.
■ Welche Krankenkasse haben Sie?
◆ Die AOK. Wann geht es denn?
■ Hm, Moment, nächste Woche Montag um 9 Uhr 30?
◆ Hm, da kann ich nicht, da arbeite ich. Geht es auch um 15 Uhr?
■ Ja, das geht auch. Also, am Montag um 15 Uhr. Auf Wiederhören.
◆ Auf Wiederhören.

c) Üben Sie den Dialog: andere Namen, andere Termine.

2 Im Beruf

Ü 7

a) Lesen Sie den Text.

Herr Effenberg möchte einen Termin bei Frau Strunz in Dresden. Er ruft an und macht den Termin. Dann fährt er nach Dresden. Aber es gibt einen Stau und er ist zu spät. Er telefoniert mit Frau Strunz.

61

b) Hören Sie den Dialog und üben Sie zu zweit.

■ Strunz.
◆ Hier ist Effenberg, Frau Strunz?
■ Ja, hier ist Franziska Strunz. Herr Effenberg, wo sind Sie?
◆ Auf der Autobahn bei Leipzig. Es tut mir leid, ich komme zu spät.
Aber wir hatten einen Stau. Ich bin so in einer Stunde in Dresden, so gegen zehn.
■ Gut, Herr Effenberg, danke für den Anruf und gute Fahrt!

c) Üben Sie den Dialog: andere Namen, andere Termine.

62

3 Hören Sie zu: *p* oder *b*? Sprechen Sie nach. Finden Sie andere Wörter.

Papier – Büro, Beruf – Praxis, ab Bochum – ab Paris, ...

4 Verabredungen

1 Sehen Sie die Bilder an und lesen Sie. Was geht (nicht)?

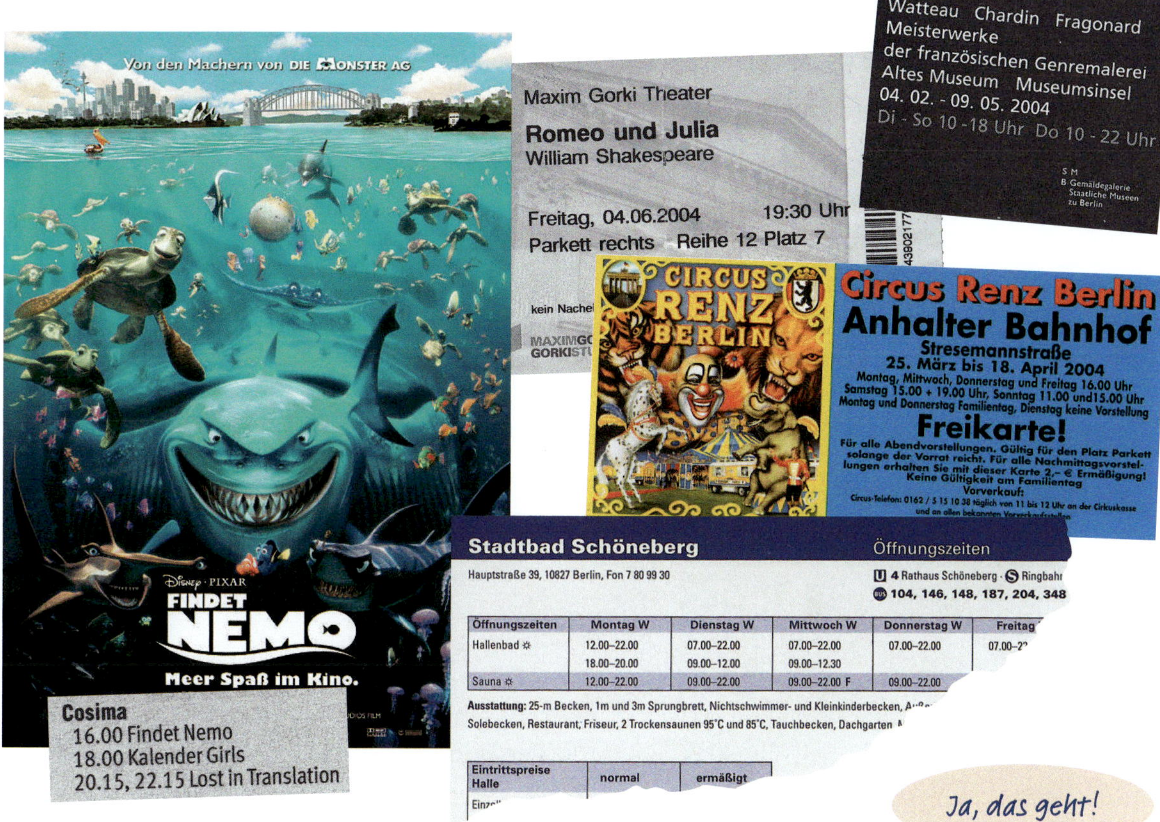

1. Gehen wir am Dienstag um sechs schwimmen?
2. Am Freitag kommt „Romeo und Julia". Treffen wir uns um sieben?
3. Gehen wir morgen Abend zusammen ins Kino? Ich möchte „Findet Nemo" sehen.
4. Gehen wir am Sonntag um drei in den Zirkus?
5. Gehen wir am Montag ins Museum?

Das geht nicht!

2 Üben Sie den Dialog zu zweit.
Ü8

■ Hallo, Anja! Gehen wir zusammen ins Kino?
◆ Ja gern, wann denn?
■ Morgen Abend?

◆ Ja, das geht.

◆ Nein, das geht nicht. Morgen kann ich nicht.
■ Und am Freitag?
◆ Freitag ist gut.

■ Um wie viel Uhr treffen wir uns?
◆ Um sieben?
■ Okay, tschüss bis dann!

3 Üben Sie den Dialog: andere Tage, andere Zeiten.

Gehen wir zusammen
in den Park? / in den Zoo?
ins Theater? / ins Konzert? / ins Café Einstein?
in die Oper? / in die Stadt? / in die Disko?

5 Sich verabreden – ein Rollenspiel vorbereiten

a) Hören Sie die Fragen und Antworten. Sprechen Sie nach.

b) Wählen Sie eine Karte aus und spielen Sie den Dialog mit Ihrer Partnerin / Ihrem Partner.

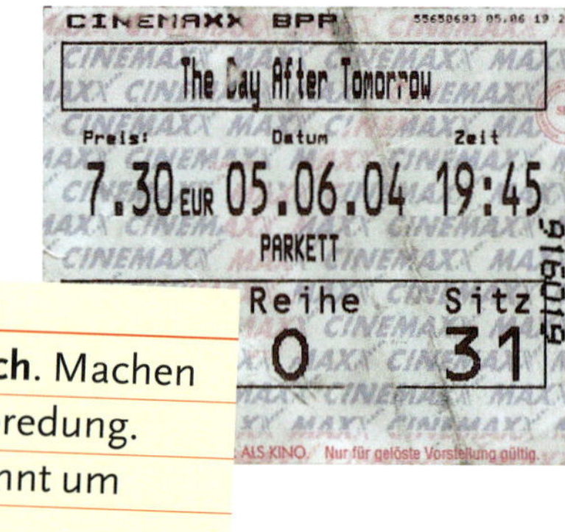

Ein **Kinobesuch**. Machen Sie eine Verabredung. Der Film beginnt um 19.45 Uhr.

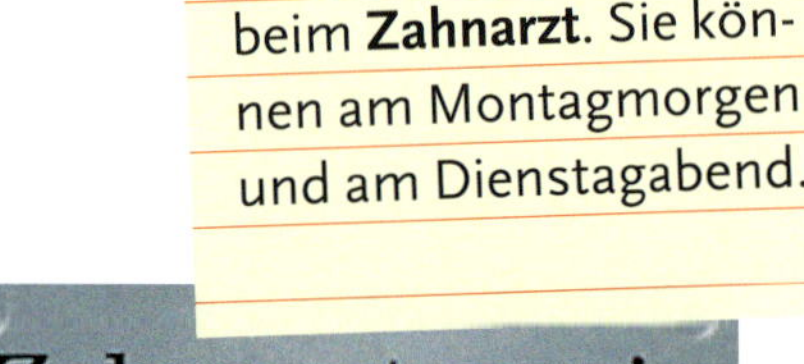

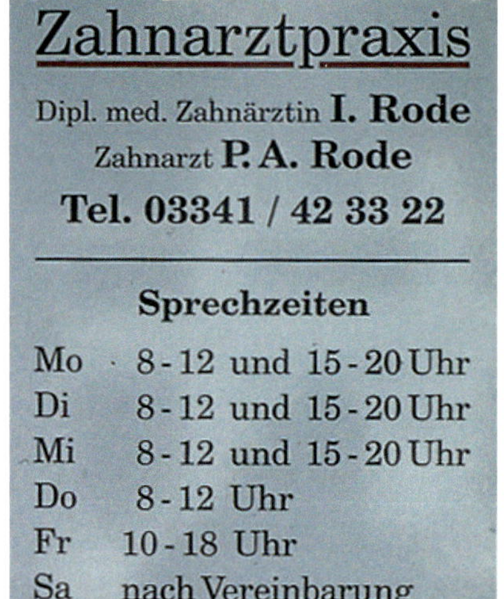

Machen Sie einen Termin beim **Frisör**. Es gibt nur Termine am Donnerstagmorgen und am Freitagmittag.

Machen Sie einen Termin bei ... Sie können nur am Freitag.

Redemittel

um einen Termin bitten
Haben Sie einen Termin frei?
Kann ich einen Termin haben?
Gehen wir am Freitag ins Kino?

einen Termin vorschlagen
Geht es am Freitag um 9.30 Uhr?
Geht es in einer Stunde?
Können Sie am Freitag um halb zehn?
Treffen wir uns am ... um ...?

ablehnen ☹
Tut mir leid, | das geht nicht. Da haben wir keine Termine frei. / das passt mir nicht.
Da muss ich arbeiten.
Am Freitagabend kann ich leider nicht, aber am Samstag.
Um neun geht es leider nicht, aber um zehn.

zustimmen ☺
Ja, das passt gut.
Ja, das geht.

64

2 **Termine, Termine.** Wo hat Otto Termine? Hören Sie und ergänzen Sie die Städte mit *t* oder *d*.

......üsseldorf ......übingen ......ortmund
......resden ......immendorf ......essau

Am Montag hat Otto einen Termin in Düsseldorf.

Am Dienstag ...

3 **Wer hat gute Ausreden?** Üben Sie.

Wo warst du? Ich warte seit 6 Uhr!

Entschuldigung, meine Uhr ist kaputt.

Redemittel

Entschuldigungen/Ausreden

Entschuldigung, aber ich ... war im Stau / hatte keinen Stadtplan / keine Uhr.
Entschuldigen Sie, ich komme zu spät. Mein Zug hatte Verspätung.
Tut mir leid, ich bin zu spät. Mein Wecker / Auto / ... war kaputt.
Tut mir leid, aber ich habe den Termin vergessen!

65

4 Hören Sie und sprechen Sie nach.

6 Zeit systematisch, trennbare Verben, Verneinung

5

1 Zeit systematisch. *Wann? – Am, um, von … bis.* **Ergänzen Sie die Regel.**

Grammatik

Wann? / Um wie viel Uhr?	Wann kommst du ins Büro? **Am** Mittwoch **um** neun.
Bis wann?	Bis wann bist du heute zu Hause? **Bis** zwölf Uhr.
Von wann bis wann?	Mittagspause ist **von** eins **bis** zwei.

Regel …………… plus Tag (Montag), …………… plus Uhrzeit (neun Uhr)

2 Lyrische Konjugation. Präteritum von *haben.*

Ü11–12

Ausreden
Ich hatte keine Zeit.
Du hattest viel Zeit.
Er hatte ein Auto.
Sie hatte kein Auto.
Es hatte eine Panne.
Sie hatte kein Telefon.
Wir hatten ein Problem.
Ihr hattet keine Probleme.
Sie hatten einfach Glück.

4 Ü13

3 Trennbare Verben im Satz. Schreiben Sie Fragen und Antworten wie in der Liste.

1. Wann	**rufst**	du mich	**an**?
2. Ich	rufe	dich morgen	an.
3. Rufst	du	mich	an?

1. Wann kaufst du …?
2. …

17 Ü14

4 Termine absagen

a) Wo steht *nicht*? Markieren Sie.

Kommst du am Freitag?
Nein, ich komme am Freitag nicht!!
Kommst du nicht mit?
Nein, ich komme nicht mit!

1. Am Sonntag kann ich nicht.
2. Am Freitag? Nein, das geht nicht.
3. Um fünf kann ich nicht.
4. Ich gehe am Sonntag nicht aus.

b) Sagen Sie die Termine ab. Verwenden Sie die Sätze aus a).

1. Gehen wir am Freitag schwimmen?
2. Kannst du am Sonntag?
3. Treffen wir uns um fünf Uhr?
4. Gehen wir am Sonntag ins Café?
5. Gehen wir am Wochenende in den Zirkus?
6. Kommst du morgen ins Büro?
7. Kommst du um fünf nach Hause?
8. Kommst du am Freitag mit ins Theater?

7 Zeitpläne und Pünktlichkeit

1 **Lesen und vergleichen Sie die beiden Zeitpläne. Wie machen Sie Ihren Plan?**

Plan 1: Übungszeit 3 Stunden

Dienstag:	½ Stunde
Donnerstag:	½ Stunde
Freitag:	1 Stunde
Sonntag:	1 Stunde
Montag:	Test

Plan 2: Übungszeit 3 Stunden

Di:	....
Mi:	....
Do:	....
Fr:	....
Sa:	....
So:	3 Stunden
Mo:	Test

Lerntipp

Kurz üben und oft üben ist besser als viel lernen an einem Tag!

2 **Pünktlichkeit**

a) Was ist für Sie pünktlich? Beantworten Sie die Frage und sprechen Sie im Kurs.

Das ist noch pünktlich / sehr unpünktlich.

1. Die Party beginnt um acht. Sie kommen zwanzig nach acht.
2. Der Zug hat acht Minuten Verspätung.
3. Das Kino beginnt um 19.30 Uhr. Sie kommen um 19.35 Uhr.
4. Der Kurs beginnt um acht. Sie sind fünf nach acht im Kurs.
5. Ihre Freunde kochen heute. Das Essen beginnt um 19 Uhr. Sie kommen um halb acht.

b) Lesen Sie den Text. Was denken Sie?

Anni Fayolle studiert in Tübingen. Sie schreibt über die Deutschen und die Pünktlichkeit.

Sind die Deutschen wirklich so pünktlich? Alle sagen, die Deutschen sind sehr pünktlich. Aber ich glaube das nicht. Ich fahre oft Bahn. Die Züge sind sehr modern und hell. Die Fahrpläne sind klar. Die Züge sind meistens pünktlich, aber manchmal haben sie auch zehn oder zwanzig Minuten Verspätung. In Frankreich sind die Züge nicht so modern, aber sie sind fast immer pünktlich. In Deutschland hast du um zwei einen Termin beim Zahnarzt und du wartest bis halb drei. Viele Partys beginnen offiziell um acht, aber die meisten kommen erst um halb neun oder neun. Die Deutschen sprechen viel über die Uhrzeit. Aber ich glaube, sie sind genauso pünktlich oder unpünktlich wie die anderen Europäer auch.

Übungen 5

1 Uhrzeiten. Zeichnen Sie die Zeiten ein.

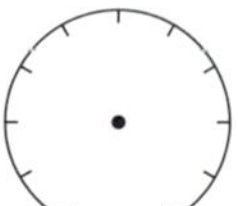

1. Es ist zwanzig nach eins.

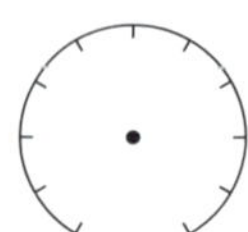

4. Es ist halb sieben.

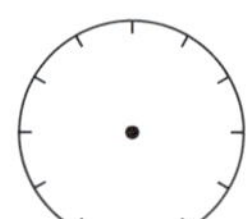

2. Es ist Viertel vor drei.

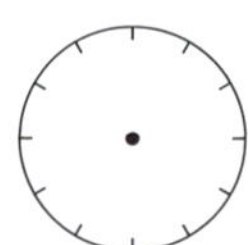

5. Es ist kurz nach fünf.

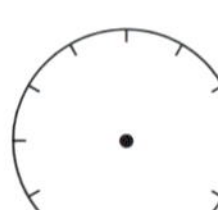

3. Es ist genau vier.

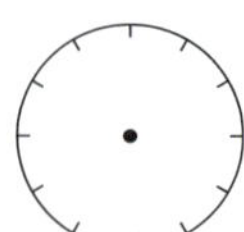

6. Es ist zehn vor acht.

2 Wie viel Uhr ist es? Schreiben Sie. Es gibt mehrere Möglichkeiten.

1 
2 
3 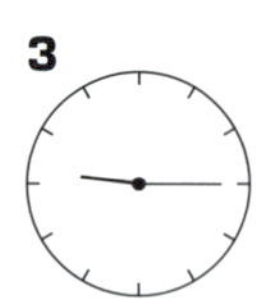
4 
5 
6 
7 
8 

1. Es ist 8.30 Uhr / halb neun.
2. ....
3. ....
4. ....
5. ....
6. ....
7. ....
8. ....

66

3 Hören Sie und notieren Sie die Uhrzeiten.

1. 16.20

2. ....

3. ....

4. ....

5. ....

6. ....

4 **Tagesablauf und Termine international.** Ordnen Sie die Bilder den Sätzen zu.

1. ☐ Viele Deutsche frühstücken um neun Uhr im Büro.
2. ☐ In Spanien macht man von 14 bis 16 Uhr eine Mittagspause.
3. ☐ In China isst man um sieben Uhr zum Frühstück eine Suppe.
4. ☐ In Japan isst man um zwölf Uhr zu Mittag.

Und Sie?

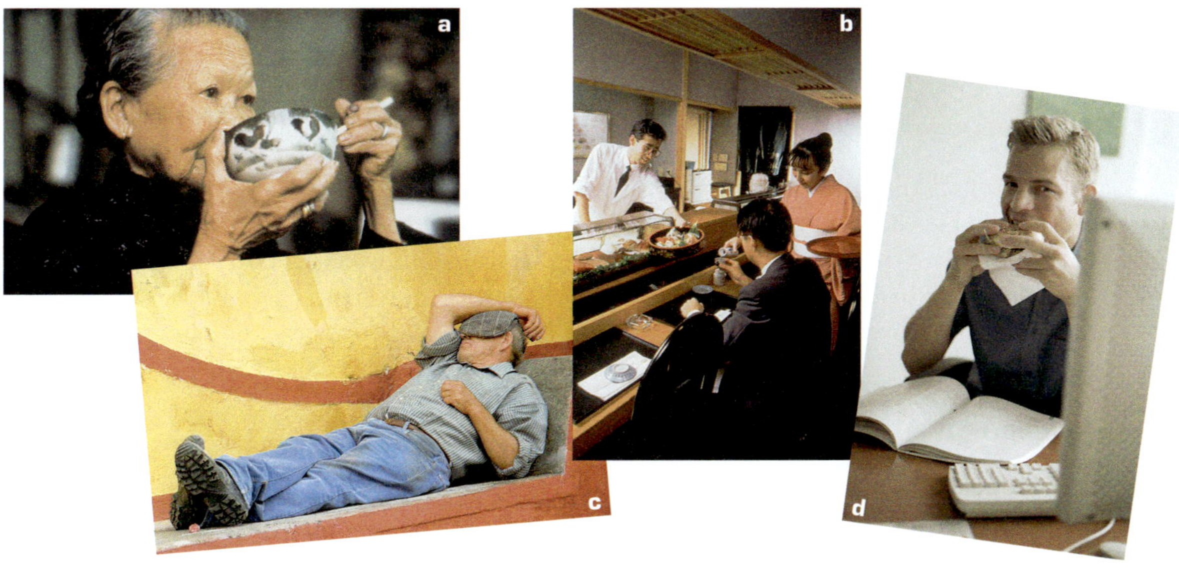

5 **Einen Arzttermin machen.** Da Qui ruft in der Praxis Dr. Glas an.

a) Ergänzen Sie den Dialog.

am – bis – um – um – wann

- ■ Hier Praxis Dr. Glas, Schwester Christiane, guten Tag.
- ◆ Guten Tag. Hier ist Da Qui. .... ist am Freitag Sprechstunde, bitte?
- ■ Am Freitag? Von acht Uhr .... zwölf Uhr.
- ◆ Ich hätte gern einen Termin. Geht es .... elf Uhr?
- ■ Ja, ... elf ist es okay.
- ◆ Gut, dann komme ich .... Freitag um elf.

b) Lesen Sie den Dialog laut.

6

Sie möchten einen Termin beim Arzt. Was fragt die Arzthelferin? Kreuzen Sie an.

1. Waren Sie schon einmal hier? ✗
2. Wann stehen Sie am Mittwoch auf? ☐
3. Geht es am Donnerstag um elf Uhr? ☐
4. Haben Sie ein Visum? ☐
5. Welche Krankenkasse haben Sie? ☐
6. Wann können Sie kommen? ☐

67

7 Textkaraoke. Hören Sie und sprechen Sie die -Rolle im Dialog.

...
Albertini, ich hätte gern einen Termin.
...
Äh, nein.
...
Die AOK. Wann geht es denn?
...
Hm, da kann ich nicht, da arbeite ich. Geht es auch um 15 Uhr?
...
Auf Wiederhören.

8 Verabredungen. Ordnen Sie die Dialoge.

Am Freitag. – Wie schön, ein Konzert! Um wie viel Uhr? – Gut, also tschüss bis Samstag. – Das Konzert beginnt um acht. Treffen wir uns um sieben? – In die Disko? Wann denn? – Um sieben ist gut. – Freitag ist gut. Um wie viel Uhr? – Gut, um neun. Bis Freitag! – Um zehn? – Zehn ist zu spät. Besser um neun.

Dialog 1

■ Gehen wir am Samstag ins Violinkonzert?
◆ ....
■ ....
◆ ....
■ ....

Dialog 2

■ Hallo, Marco. Gehen wir zusammen in die Disko?
◆ ....
■ ....
◆ ....
■ ....
◆ ....
■ ....

9 Im Beruf. Ordnen Sie den Dialog im Heft und spielen Sie ihn im Kurs.

Herr Siebers

1. Mein Zug hat Verspätung. Ich bin erst in einer Stunde in Frankfurt.
2. Ja, bis morgen um zehn.
3. Hier ist Siebers. Guten Tag, Frau Faber.
4. Tut mir leid, da kann ich nicht.
5. Um zehn Uhr geht es.

Frau Faber

a) Guten Tag, Herr Siebers.
b) Erst in einer Stunde! Hm ... Das ist zu spät. Ich habe noch einen Termin. Können Sie auch morgen um neun?
c) Schön, dann bis morgen. Und vielen Dank für den Anruf.
d) Und um zehn?

10 Hier sind die Antworten. Wie sind die Fragen?

1. ■ *Um wie viel Uhr fängt der Film an?*
   ◆ Der Film fängt um 22.00 Uhr an.
2. ■ ....
   ....
   ◆ Die Sprechzeit ist von 15 bis 17.00 Uhr.
3. ■ ....
   ....
   ◆ Das Fest ist am 25. August.
4. ■ ....
   ....
   ◆ Die Yoga-Klasse kostet 7 Euro.
5. ■ ....
   ....
   ◆ Der Treffpunkt ist der S-Bahnhof Unter den Linden.

11 Das Präteritum von *haben*. Ergänzen Sie die Formen.

1. Das Ausländeramt .... gestern keine Sprechzeit.
2. .... ihr am Sonntag keine Zeit?
3. Ich .... gestern ein Problem mit dem Auto.
4. Um 1900 .... viele Wohnungen kein Badezimmer.
5. .... du eine gute Fahrt von München nach Berlin?
6. Wir .... heute morgen einen Termin in Stuttgart, aber wir waren zu spät.

12 Ausreden. Schreiben Sie sieben Sätze.

keine Zeit – ein Terminproblem – ~~kein Telefon~~ – keine Uhr – einen anderen Termin – einen Termin in Düsseldorf – keinen Stadtplan

1. *Entschuldigung, ich hatte kein Telefon.*
2. *Tut mir leid,* ....
3. ....
4. ....
5. ....
6. ....
7. ....
   ....

13 **Trennbare Verben im Satz.** **Ergänzen Sie die Lücken.**

~~nachsprechen~~ – ansehen – anrufen – aufstehen – anfangen – einkaufen – zuordnen

1. Sprechen .... Sie den Dialog ....nach.... .
2. .... Sie die Bilder den Dialogen ....
3. Komm, wir .... uns die Fotos ....!
4. Um wie viel Uhr .... der Film ....?
5. Wann .... wir Frau Strunz .... ?
6. Wo .... du heute .... ?
7. Wann .... du am Samstag .... ?

14 **Verneinen Sie die Sätze mit *nicht*.**

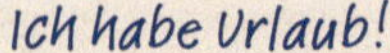

Der Tag von Herrn Siebers

Ich stehe um 5.45 Uhr auf und jogge um 6 Uhr. Ich frühstücke um 6.45 Uhr. Ich arbeite von 9 Uhr bis 12.30 Uhr und auch von 13 Uhr bis 19 Uhr. Ich habe viele Termine. Ich telefoniere oft. Ich gehe um 23 Uhr schlafen. Ich lebe gesund.

Ich habe Urlaub!

Der Tag von Herrn Siebers im Urlaub

Ich stehe nicht um 5.45 Uhr auf und jogge nicht um 6 Uhr. Ich ....

....

....

....

....

....

....

Das kann ich auf Deutsch

mich verabreden / einen Termin machen / Terminvorschläge annehmen, ablehnen

- Geht es am Freitag um neun?
- ◆ Ja, das passt gut.
- ◆ Nein, da kann ich nicht.

nach Zeiten fragen / Zeiten nennen

Zeitpunkt
Wann treffen wir uns?
Um wie viel Uhr kommst du?
Treffen wir uns **am** Montag **um** halb acht?
um neun / **in** einer Stunde

Zeitraum
Von wann **bis** wann geht der Kurs?
Von 9 **bis** 13 Uhr.

mich entschuldigen

Tut mir leid, aber ich habe den Termin vergessen.

Wortfelder

Uhrzeiten

Es ist zehn vor zwölf.
um 22 Uhr 45

Wochentage

Montag, Dienstag, ...

Grammatik

Trennbare Verben

anrufen: **Rufst** du mich **an**?
aufstehen: Ich **stehe** um 6 Uhr 20 **auf**.

Präpositionen + Zeitangaben

am Montag, **um** 9 Uhr, **von** 8 **bis** 16 Uhr

Präteritum von *haben*

Ich **hatte** einen Termin mit Frau Strunz.

Verneinung mit *nicht*

Am Sonntag kann ich **nicht**.

Aussprache

Konsonanten *p, b, t, d, k, g*

Papier – Büro, Timmendorf – Dresden, Nürnberg, Glück

68

Laut lesen und lernen

Ich bin leider zu spät!
Das passt mir nicht! / Das geht leider nicht! / Da kann ich leider nicht.
Ich hätte gern einen Termin. – Wann denn? – Geht es am Montag?
Ich komme gegen zehn. / Ich komme in einer Stunde.
Ich habe den Bus verpasst.
Tut mir leid, ich ...

6 Orientierung

1 Arbeiten in Leipzig

Ich heiße Marco Sommer und bin Verlagskaufmann. Ich wohne in Gohlis und arbeite bei der Leipziger Volkszeitung im Verlagshaus am Peterssteinweg. Ich fahre eine Viertelstunde mit dem Fahrrad.

Ich bin Monica Ventura und wohne in Markkleeberg. Ich arbeite bei der Commerzbank am Thomaskirchplatz. Ich fahre zehn Minuten mit der Straßenbahn.

1 **Wortfeld Stadt.** Sammeln Sie Wörter aus dem Stadtplan.

Hauptbahnhof, Hotel, Oper, ...

2 **Informationen sammeln.** Lesen Sie die Texte und ergänzen Sie die Tabelle.

Name	wohnt ...	arbeitet ...	fährt ...	Zeit
Marco Sommer	in Gohlis ...	bei der ...	mit dem ...	eine ...

69

3 **Informationen hören und vergleichen.** Welche Informationen sind neu?

Marco Sommer: „fünf Kilometer“

Hier lernen Sie

- sagen, wo Leute arbeiten und wohnen
- sagen, wie Leute zur Arbeit kommen
- in einem Haus nach dem Weg / nach einer Person fragen
- Verkehrsmittel
- Präpositionen: *in, neben, unter, auf, vor, hinter, an, zwischen, bei* und *mit* + Dativ
- Ordnungszahlen
- Konsonanten: *f, w* und *v*

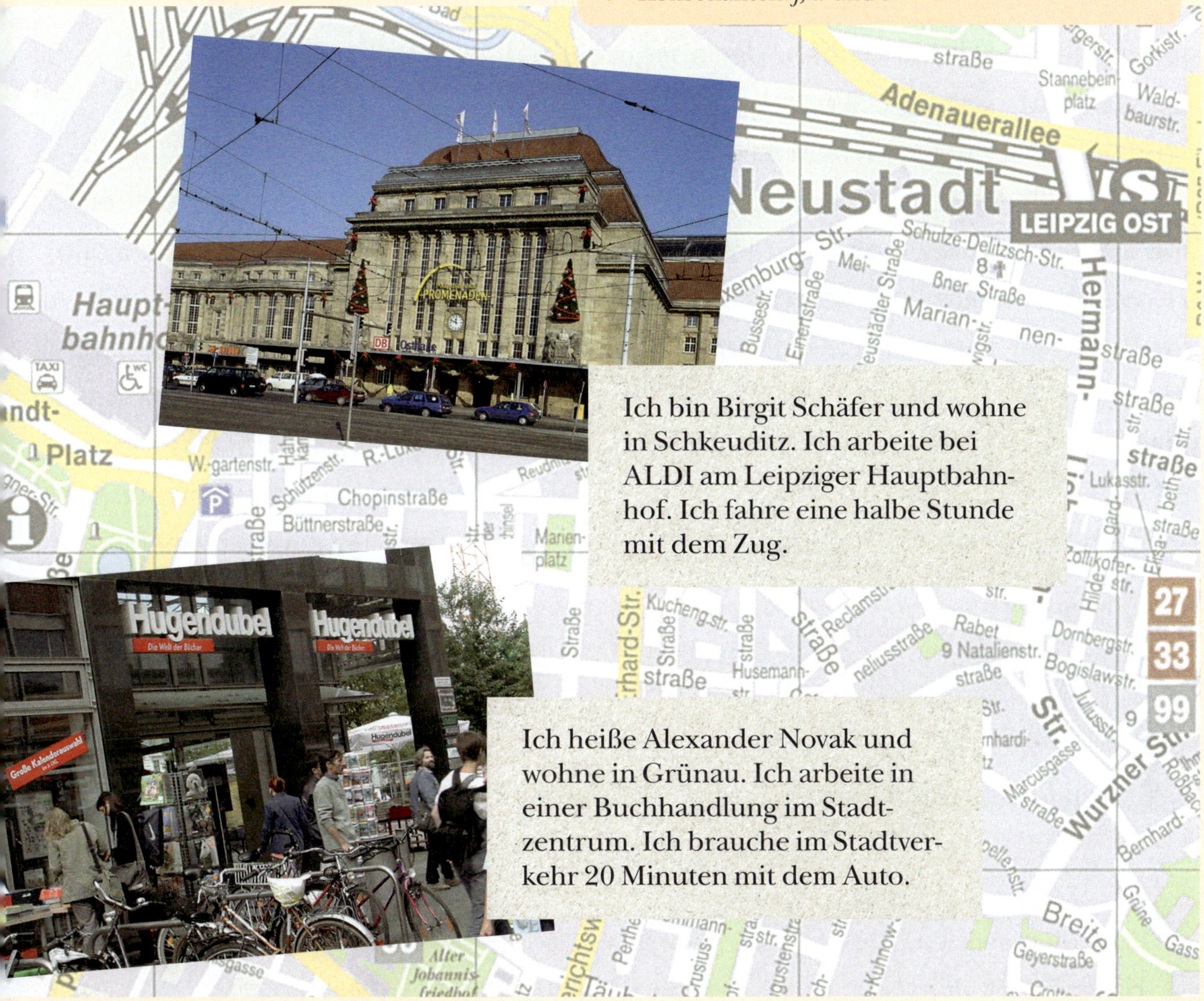

Ich bin Birgit Schäfer und wohne in Schkeuditz. Ich arbeite bei ALDI am Leipziger Hauptbahnhof. Ich fahre eine halbe Stunde mit dem Zug.

Ich heiße Alexander Novak und wohne in Grünau. Ich arbeite in einer Buchhandlung im Stadtzentrum. Ich brauche im Stadtverkehr 20 Minuten mit dem Auto.

4 **Wo Leute arbeiten / wie Leute zur Arbeit kommen.** Erzählen Sie.

Ana geht zu Fuß!

Redemittel

Er	wohnt in ...		
Sie	arbeitet bei/in ...		
Mein Freund	kommt/fährt mit	dem Bus der U-Bahn	zur Arbeit. zum Sprachkurs.

5 **Fragen Sie im Kurs.**
Ü 1–2

Wo wohnen Sie und wo arbeiten Sie?

Ich wohne ... und arbeite ... Und Sie?

Wie kommen Sie zum Deutschkurs?

Ich komme mit der Straßenbahn. Und Sie?

2 Im Verlagshaus

4. Etage

3. Etage

2. Etage

1. Etage

Erdgeschoss

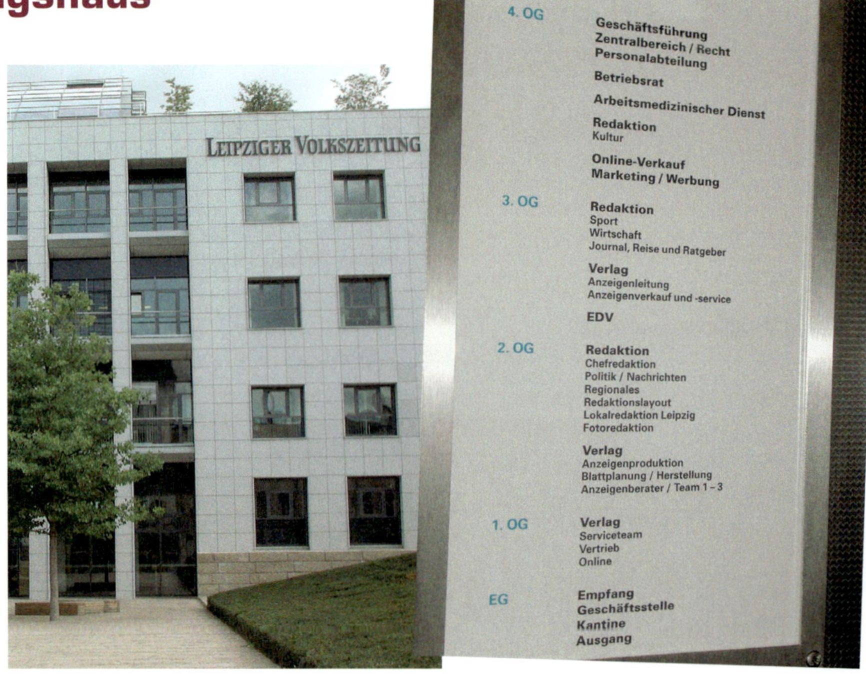

1 Was ist wo im Verlag? Lesen Sie den Text und ergänzen Sie.

Die *Leipziger Volkszeitung* hat ihr Verlagshaus am Peterssteinweg 19. Das Haus hat vier Etagen. Im Verlag arbeiten viele Leute.
Unten, im Erdgeschoss, sind der Empfang und die Kantine. In der ersten Etage ist die Online-Redaktion. In der zweiten Etage sind die Redaktionsbüros. Viele Redakteure arbeiten hier an ihren Computern, auch nachts. In der dritten Etage ist die Redaktion Sport. In der vierten Etage sind die Konferenzräume und das Büro von Dr. Weber. Er ist Marketingchef.

im Erdgeschoss: der Empfang, die ....

in der ersten Etage: ....

in der zweiten Etage: ....

in der dritten Etage: ....

in der vierten Etage: ....

70 **2 Hören Sie die Wörter und markieren Sie [f] wie *fahren* und [v] wie *wohnen*.**

die Werbung – die Wohnung – zu Fuß – viele – der Verlag – vier – Dr. Weber
westlich – das Fahrrad – das Wörterbuch – der Videorekorder – der Füller

71 **3 [f] wie *fahren* oder [v] wie *wohnen*? Lesen Sie den Text aus Aufgabe 1 laut mit. Achten Sie auf die Aussprache von [f] und [v].**

4 Sprechen und schreiben. [f] und [v]. Suchen Sie Beispiele.

[f] wie fahren	[v] wie wohnen
v – vier	w – Wohnung
....	....

5 Orientierung im Verlag. Hören Sie und üben Sie zu zweit.

72

Guten Tag, ich suche die Marketingabteilung. Wo ist die bitte?

Die ist in der vierten Etage, links neben der Kulturredaktion.

Wo finde ich bitte die Chefredaktion?

In der zweiten Etage, Zimmer 215 bitte.

Entschuldigung, wo sind hier die Toiletten?

Gleich hier unten rechts, neben der Kantine.

6 An der Information. Üben Sie den Dialog: andere Fragen, andere Antworten.

Ü 3–5

Redemittel

so kann man fragen		so kann man antworten
Wo ist/sind bitte ...	die Personalabteilung?	Im Erdgeschoss.
In welcher Etage ist/sind ...	das Sekretariat?	In der ersten Etage.
Entschuldigung, wo finde ich ...	die Toiletten?	In der zweiten Etage links.
	die Kantine?	In der dritten Etage rechts.
	der/den Marketingchef?	In der vierten Etage.
	ein/einen Parkplatz	Vor dem Haus.

7 Ein Spiel für zwei. Wer arbeitet wo?

- Notieren Sie sechs Räume: z. B. Marketingchef, Sekretariat, Vertriebsleiterin, Personalabteilung, Kantine, Toiletten.
- Zeichnen Sie zwei Häuser A und B mit sechs Feldern, schreiben Sie in A die Räume.
- Fragen Sie:

Ist der Marketingchef in der zweiten Etage rechts?

Nein. Arbeitet die Vertriebsleiterin im Erdgeschoss rechts?

Richtig! Ist die Personalabteilung in der ...?

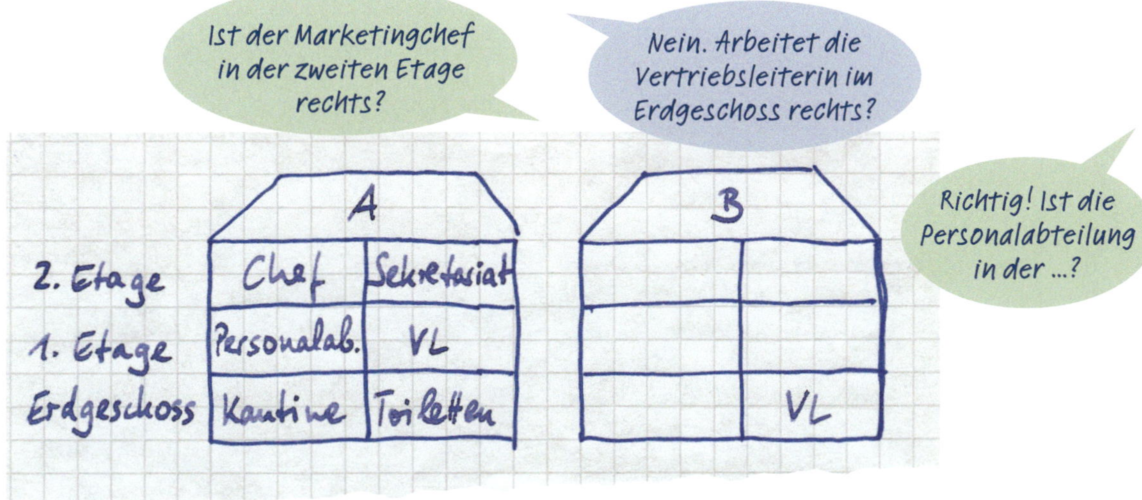

8 Orientierung in der Sprachschule.

Fragen und antworten Sie.

Entschuldigung, wo ist das Sekretariat?

Das Sekretariat ist im Erdgeschoss.

3 *Wo ist mein Terminkalender?* Präpositionen + Dativ

13

1 Im Redaktionsbüro. Was sehen Sie?

2 Lesen Sie die Tabelle. Wo sind die Sachen? Beschreiben Sie.

Das Bild hängt an der Wand

Die Fotos liegen unter der Zeitung.

Die Bücher stehen im Regal.

Minimemo

in dem = **im**
an dem = **am**
bei dem = **beim**

Grammatik

Präpositionen + Dativ: *Wo …?*

Die Tasche (*Singular*)	ist liegt steht	auf/unter in/neben/an vor/hinter	**dem** Tisch / **einem** Tisch. **dem** Regal / **einem** Regal. **der** Wand / **einer** Wand.
Die Taschen (*Plural*)	sind liegen stehen	zwischen (*Pl.*)	**den** Stühle**n** / **den** Regale**n** / **den** Zeitunge**n**.

3 **Ein Schreibtisch in der Redaktion.** Ordnen Sie zu. Schreiben Sie Sätze.

- der Monitor
- die CD-ROM
- der Drucker
- die Tasse Kaffee
- das Buch
- die Tastatur
- das Telefon
- das Handy
- die Maus

Die CD-ROM liegt vor dem Monitor. Der Monitor steht ...

4 **Suchen und finden.** Was ist wo? Hören Sie und schreiben Sie in die Zeichnung.

73 Ü6

Paul und Paula gehen ins Theater. Paul sucht die Theaterkarten und den Autoschlüssel. Paula sucht die Brille und die Handtasche.

in der Handtasche

5 **Ein Spiel im Kurs.** Wo ist das Buch / der Kuli / die Tasche / ...?

Eine/r fragt:

Ist das Buch unter dem Tisch?

... in der Tasche?

... neben ...

Die Gruppe antwortet mit:

4 Termine machen

74

1 Terminangaben verstehen

a) Lesen Sie den Terminkalender.

b) Hören Sie das Telefonat und notieren Sie den Termin.

75 Ü7–8

2 Hören Sie das zweite Telefonat. Notieren Sie den alten und den neuen Termin.

3 Zahlen und Ordnungszahlen. Ergänzen Sie.

1 eins	1. der **erste** Mai	am **ersten**
2 zwei	2. der zweite	am zweiten
3 drei	3. der **dritte**	am **dritten**
6 sechs	6. der sechste	....
7 sieben	7. der **siebte**	....
8 acht	8. der achte	....
10 zehn	10. der zehnte	....
17 siebzehn	17. der siebzehnte	....
20 zwanzig	20. der zwanzigste	....
21 einundzwanzig	21. der einundzwanzigste	....

Minimemo

Nominativ:
Zahl + *-te*
Heute **ist** der zweite Mai.

Dativ:
Zahl + *-ten*
Ich **habe am** zweiten Mai Geburtstag.

4 Geburtstage. Wann sind Sie geboren? Machen Sie einen Geburtstagskalender.

Ü9

Name	Geburtstag
Roberto Fabiani	22.8.1973

Ich bin am zweiundzwanzigsten Achten neunzehnhundertdreiundsiebzig geboren.

Ich habe am elften Elften Geburtstag.

5 Die Stadt Leipzig

1 **Leipzig und die Musik.** Sammeln Sie Wörter zum Thema *Musik.*

Besuchen Sie Leipzig!

Leipzig ist eine Großstadt mit Tradition. Seit 1497 finden hier Messen statt. Seit 1409 gibt es die Leipziger Universität. Viele berühmte Leute lebten in Leipzig. Der Dichter Johann Wolfgang von Goethe war hier Student. Der Komponist Johann Sebastian Bach arbeitete und lebte hier. Er war Kantor an der Thomaskirche und dirigierte den berühmten Thomanerchor.

Heute ist Leipzig eine moderne Großstadt mit Industrie, Handel und viel Kultur. An der Universität studieren Studenten aus der ganzen Welt.

In Leipzig gibt es für jeden Besucher etwas. Das Stadtzentrum mit schönen alten Häusern, Geschäften und Restaurants lädt zum Bummeln ein. Musikfans besuchen die Oper, hören eine Sinfonie im Gewandhaus oder besuchen ein Konzert von den „Prinzen“. Bücherfreunde kommen jedes Jahr im März zur Buchmesse. Und noch ein Tipp: Wenn Sie Leipzig besuchen, fahren Sie mit dem Zug! Der Leipziger Hauptbahnhof mit seinen vielen Geschäften zählt zu den schönsten in Europa.

Buchmesse & Literaturfestival

- **1 Eintrittskarte** zur Leipziger Buchmesse
- **2-h Stadtrundgang**
- **1 Abendessen** (3-Gänge-Menü ohne Getränke in einem Innenstadtrestaurant)

Preis pro Person: **36,– €**

Termin: 25.–28.03.2004

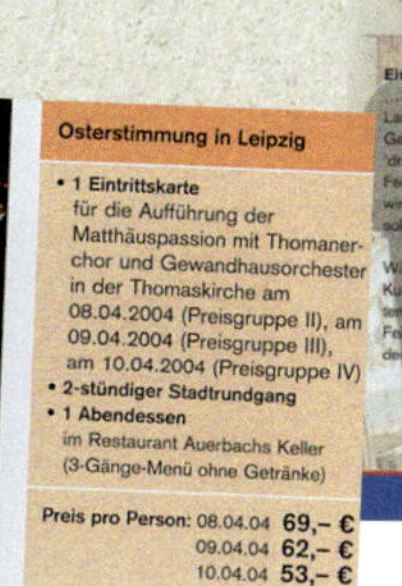

Osterstimmung in Leipzig

- **1 Eintrittskarte** für die Aufführung der Matthäuspassion mit Thomanerchor und Gewandhausorchester in der Thomaskirche am 08.04.2004 (Preisgruppe II), am 09.04.2004 (Preisgruppe III), am 10.04.2004 (Preisgruppe IV)
- **2-stündiger Stadtrundgang**
- **1 Abendessen** im Restaurant Auerbachs Keller (3-Gänge-Menü ohne Getränke)

Preis pro Person: 08.04.04 **69,– €**
09.04.04 **62,– €**
10.04.04 **53,– €**

2 **Quiz online.** Informationen über Leipzig finden.

a) Wer ist das? Wann ist das? Was ist das?

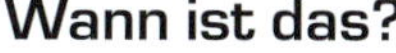

! **Internettipp**
www.leipzig-online.de

b) Finden Sie drei ...

... Kinofilme	... Sehenswürdigkeiten	... Museen
....	....	....
....	....	....

Übungen 6

1 Arbeiten in Leipzig.

a) Lesen Sie die Texte und ergänzen Sie.

1. Ute Schmitt studiert Medizin. Sie ....wohnt.... in einem Studentenwohnheim in der 12. Etage. Sie .... jeden Tag zu Fuß in die Uni.
2. Ludwig Frey wohnt in Borna und .... bei der Leipziger Volkszeitung. Er kommt jeden Tag mit der S-Bahn nach Leipzig. Er braucht 45 ....
3. Gert Brenner ist .... Er arbeitet in einem Krankenhaus: in der Uni-Klinik in der Riemannstraße. Herr Brenner wohnt in Delitzsch und .... mit dem Auto nach Leipzig. Er braucht eine Stunde.
4. Gisela Wagner ist Musikerin und arbeitet im Leipziger Gewandhausorchester. Sie wohnt in der Schletterstraße und .... 20 Minuten mit dem ....

b) Ordnen Sie die Fotos den Texten zu.

a

b

d

c

2 **In der Stadt.** Was kennen Sie? Notieren Sie mindestens acht Wörter mit Artikel.

das Taxi ....

....

....

....

....

....

....

....

3 **Im Verlagshaus.** Finden Sie neun Wörter. Schreiben Sie die Wörter mit Artikel.

marketing|sekretariatverlagshauskantinechefpersonalabteilungredakteurbürokon
ferenzräume

das Marketing ....

....

....

....

4 **Hier sind die Antworten. Stellen Sie die Fragen.**

1. *Entschuldigung, wo finde ich das Sekretariat?*
   Das Sekretariat ist in der ersten Etage links, Zimmer 103.
2. ......
   Die Toiletten? Gleich hier rechts, neben der Kantine.
3. ......
   Die Personalabteilung ist in der dritten Etage rechts.
4. ......
   Der Parkplatz ist vor dem Haus.

76 **5** **Im Verlag. Was ist wo?** **Hören Sie die Dialoge und notieren Sie.**

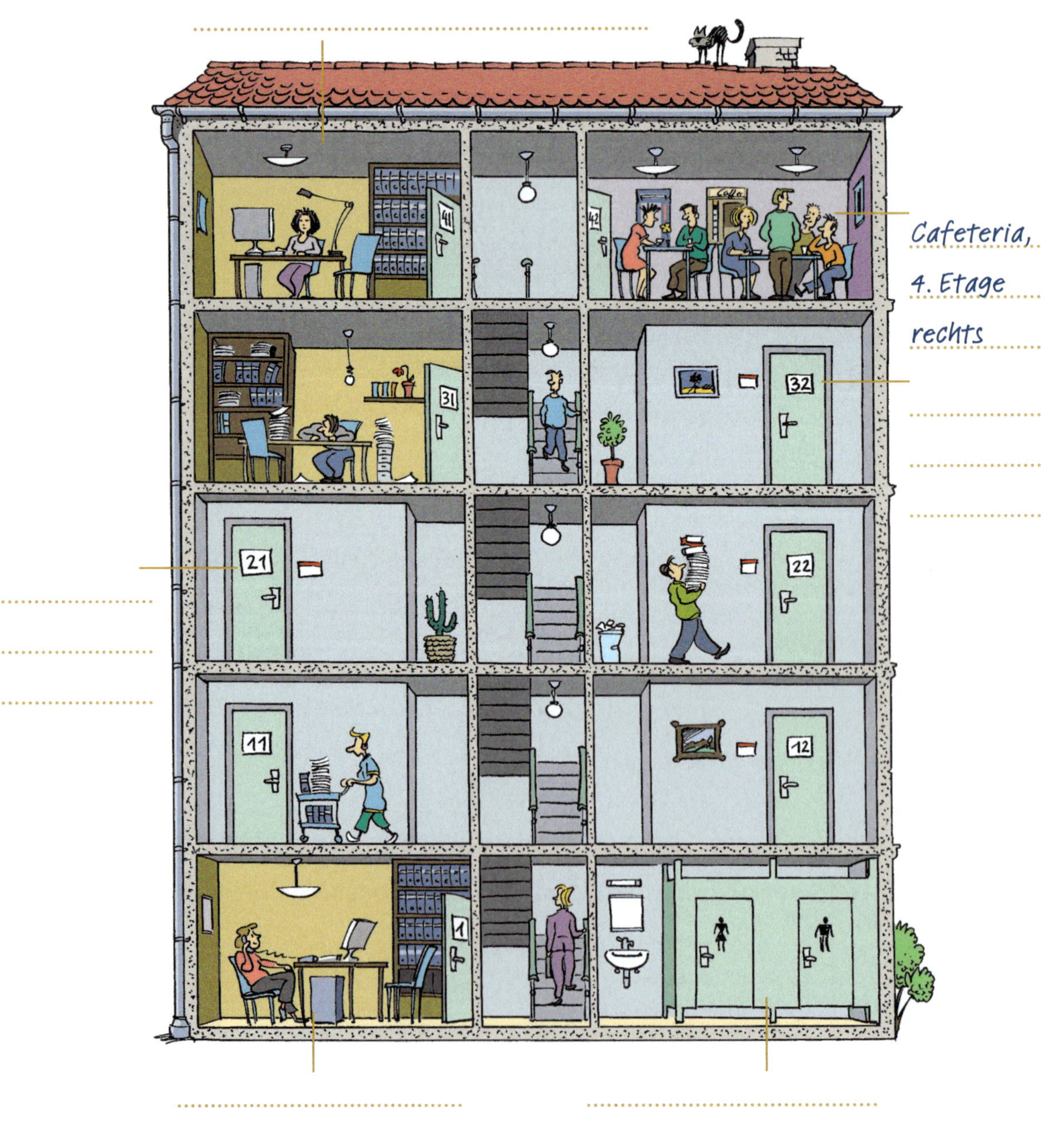

6 **Anja macht eine Party. Was ist wo?** Beschreiben Sie ihr Zimmer vor und nach der Party mit den Präpositionen *in, neben, unter, auf, vor, hinter, an, zwischen.*

vor der Party	*nach der Party*
Der Computer steht auf dem Schreibtisch.	*Der Computer steht unter dem Schreibtisch.*

7 **Ergänzen Sie die Artikel.**

1. Monika Schulze wohnt in Fulda und arbeitet in Frankfurt. Sie fährt meistens mit .... Zug. Manchmal fährt sie aber mit .... Auto.
2. Uwe Renschler wohnt in Stuttgart und arbeitet bei Mercedes. Er fährt oft mit .... S-Bahn. Manchmal fährt er mit .... Bus.
3. Victor Peres ist Student. Er fährt gern mit .... Fahrrad.

77 **8** **Termine bei der Ärztin machen.** Hören Sie und tragen Sie die Termine von Herrn Martens, Herrn Wagner und Frau Seidel in den Kalender ein. Heute ist Montag.

Montag, 9.8.	Dienstag, 10.8.	Mittwoch, 11.8.	Donnerstag, 12.8.	
8^{00}	8^{00}	8^{00}	8^{00} *Schulze*	
8^{15}	8^{15}	8^{15} *Köhler*	8^{15}	
8^{30}	8^{30} *Beckmann*	8^{30}	8^{30} *Franz*	
8^{45} *Fröhlich*	8^{45}	8^{45}	8^{45}	
9^{00}	9^{00}	9^{00} *Höhne*	9^{00} *Bauer*	
9^{15} *Hermann*	9^{15}	9^{15}	9^{15}	
9^{30}	9^{30} *Friedrich*	9^{30}	9^{30}	
9^{45} *Wagner*	9^{45}	9^{45}	9^{45}	
10^{00}	10^{00}	10^{00}	10^{00}	
10^{15} *Steiner*	10^{15}	10^{15} *Müller*	10^{15}	
10^{30}	10^{30} *Schütze*	10^{30}	10^{30}	10^{30}
10^{45} *Finster*	10^{45}	10^{45}	10^{45} *Ziegler*	10^{45}
11^{00}	11^{00}	11^{00}	11^{00}	11^{00}
11^{15}	11^{15}	11^{15}	11^{15}	11^{15} *Schumann*
11^{30}	11^{30}	11^{30} *Schmidt*	11^{30}	11^{30}
11^{45}	11^{45}	11^{45}	11^{45}	11^{45}
12^{00}	12^{00}	12^{00}	12^{00}	12^{00}

9 Welche Sätze passen? Kreuzen Sie an.

1. Können wir uns im Dezember noch treffen?
   a) ▢ Ja sicher. Wann geht es bei Ihnen?
   b) ▢ Prima, um zwölf geht es.
   c) ▢ Morgen habe ich leider keine Zeit.

2. Wann geht es bei Ihnen?
   a) ▢ Am ersten Vierten kann ich nicht.
   b) ▢ In der Kantine.
   c) ▢ Um 15 Uhr.

3. Wir müssen den Termin verschieben.
   a) ▢ Nein, da kann ich nicht.
   b) ▢ Tut mir leid, da habe ich schon einen Termin.
   c) ▢ Ja, okay. Wann passt es bei Ihnen?

4. Am Dienstag um 10 Uhr geht es bei mir.
   a) ▢ Ja, um 12 Uhr passt es mir gut.
   b) ▢ Da kann ich leider nicht. Geht es bei Ihnen auch am Mittwoch?
   c) ▢ Gut, dann bis Montag.

10 Einige Feiertage in Deutschland, Österreich und der Schweiz

Feiertage in (D), (A) und (CH)

	Karfreitag	Ostermontag	Himmelfahrt / Auffahrt	Pfingstmontag	nationale Feiertage
2005	25.03.	28.03.	05.05.	16.05.	Tag der deutschen Einheit: 03.10.
2006	14.04.	17.04.	25.05.	05.06.	Nationalfeiertag Österreich: 26.10.
2007	06.04.	09.04.	17.05.	28.05.	
2008	21.03.	24.03.	01.05.	12.05.	Nationalfeiertag Schweiz: 01.08.

a) **Ordnungszahlen trainieren.** Ergänzen Sie: Wann ist …

1. … Ostermontag 2007? *Am neunten Vierten.*
2. … der Tag der deutschen Einheit 2008? ....
3. … Himmelfahrt 2005? ....
4. … Karfreitag 2008? ....
5. … Pfingstmontag 2006? ....

b) Welche Feiertage gibt es in Ihrem Land?

....

....

Das kann ich auf Deutsch

sagen, wo Leute wohnen und arbeiten

Ich wohne in Leipzig.
Ich arbeite bei Aldi / bei der Volkszeitung / in einer Bank.

sagen, wie Leute zur Arbeit kommen

Ich fahre mit dem Auto / mit der Straßenbahn. / Ich gehe zu Fuß.

mich in einem Haus orientieren

■ Entschuldigung, wo ist bitte das Sekretariat? ◆ In der dritten Etage links!

Termine machen, Zeitangaben verstehen

■ Können wir uns am 23.10. um 14 Uhr treffen?
◆ Ja, das geht.
◆ Nein, da habe ich leider schon einen Termin.

Wortfelder

Büro

der Schreibtisch, das Regal, die Papiere ...

Verkehrsmittel

der Bus, das Rad, die Straßenbahn ...

Grammatik

Präpositionen *in, neben, unter, auf, vor, hinter, an, zwischen, bei* + Dativ

Die Bücher sind **im Regal**. / Der Schrank steht **neben einer Tür**.
Der Computer steht **unter dem Schreibtisch**. / Die Tasche steht **auf einem Stuhl**.
Der Kuli liegt **vor der Tasse**. / Die Brille liegt **hinter der Vase**.
Das Foto ist **an der Wand**. / Die Zeitung liegt **zwischen den Büchern**.
Sie arbeitet **bei der Zeitung**.

Ordnungszahlen

der **erste** Eingang / das **zweite** Büro / die **dritte** Tür
der vierundzwanzigste Zwölfte (24. 12.) / **am** vierundzwanzigst**en** Zwölften

Aussprache

Konsonanten *f, v, w*

zu Fuß, der Verlag, die Werbung, das Video ...

78

Laut lesen und lernen

Arbeitest du bei der Zeitung?
Gehst du zu Fuß oder fährst du mit dem Bus?
Geht es bei Ihnen auch am Mittwoch?

■ Können Sie auch am 17.8.?
◆ Tut mir leid, da hab' ich schon einen Termin.

Grammatik auf einen Blick – *studio d A1*

Einheiten 1–6

Sätze

1 W-Fragen

2 Satzfragen

3 Aussagesatz

4 Der Satzrahmen

5 Zeitangaben im Satz

6 Adjektive im Satz nach Nomen

7 *Es* im Satz

8 Wörter verbinden Sätze
- 1 Pronomen
- 2 Artikel
- 3 *dort* und *da*
- 4 *das*

Wörter

9 Nomen mit Artikel
- 1 Bestimmter Artikel: *der, das, die*
- 2 Unbestimmter Artikel: *ein, eine*
- 3 Verneinung: *kein, keine*
- 4 Bestimmter, unbestimmter Artikel und Verneinung im Akkusativ
- 5 Possessivartikel im Nominativ

10 Nomen im Plural

11 Wortbildung: Komposita

11 Präpositionen: *am, um, bis, von ... bis* + Zeit

13 Präpositionen: *in, neben, unter, auf, vor, hinter, an, zwischen, bei* + Ort (Dativ)

14 Präposition: *mit* + Dativ

15 Fragewörter

16 Verben
- 1 Verben: Stamm und Endungen
- 2 Hilfsverben *sein* und *haben*

17 Verben: Verneinung mit *nicht*

Ausblick auf die Einheiten 7–12 (Teilband 2)

Sätze

18 Zeitangaben im Satz

19 Angaben im Satz – wie oft?: *jeden Tag, manchmal, nie*

20 Der Satzrahmen
- 1 Das Perfekt im Satz
- 2 Modalverben im Satz: *wollen, müssen, dürfen, können*

21 *Es* im Satz

22 Wörter verbinden Sätze: *zuerst, dann, danach, und*

Wörter

23 Artikelwörter im Akkusativ: Possessivartikel und *(k)ein-*

24 Demonstrativa: *dies-*

25 Personalpronomen im Akkusativ

26 Wortbildung:
- 1 Nomen + *-in (Lehrerin)*
- 2 Nomen + *-ung (Zeitung)*

27 Adjektive – Komparation: *gut, gern, viel*

28 Adjektive im Akkusativ – unbestimmter Artikel: *einen roten Mantel*

29 Präpositionen: *in, durch, über* + Akkusativ

30 Präpositionen: *zu, an ... vorbei* + Dativ

31 Modalverben: *müssen, wollen, können, möchten, mögen*

32 Imperativ

33 Perfekt: regelmäßige und unregelmäßige Verben
- 1 Partizip der regelmäßigen Verben
- 2 Partizip der unregelmäßigen Verben

Sätze

1 W-Fragen

E 3, 5

	Position 2		
Woher	kommen	Sie?	Aus Italien.
Was	trinken	Sie?	Kaffee bitte.
Wie	heißt	du?	Claudio.
Wie viel Uhr	ist	es?	Halb zwei.
Wann	kommst	du?	Um drei.
Wer	spricht	Russisch?	Ich.

Woher kommen Sie?

2 Satzfragen

E 3

	Position 2	
Kommen	Sie	aus Italien?
Trinken	Sie	Kaffee?
Warst	du	schon mal in München?
Können	Sie	das bitte wiederholen?

Kommen Sie aus Italien?

3 Aussagesatz

E 3

	Position 2	
Ich	spreche	Portugiesisch.
Hildesheim	liegt	bei Hannover.
Marion	ist	Deutschlehrerin.

4 Der Satzrahmen

E 5

		Position 2		Satzende
Aussagesatz	Ich	rufe	dich am Samstag	an.
	Ich	stehe	am Sonntag um elf	auf.
	Ich	gehe	um zehn	schlafen.
	Ich	kann	auf Deutsch	buchstabieren.
W-Frage	Wann	stehst	du am Sonntag	auf?
	Wann	gehst	du	schlafen?
	Was	möchten	Sie	trinken?
Satzfrage	Rufst	du	mich am Samstag	an?
	Können	Sie	das bitte	buchstabieren?

5 Zeitangaben im Satz

E 5

	Position 2	
■ Wir	gehen	**am Sonntag** ins Kino. Kommst du mit?
◆ **Am Sonntag**	kommt	meine Mutter. Das geht nicht.
■ Gehen	wir	**am Samstag** ins Museum?
◆ Ja, **am Samstag**	geht	es.

6 Adjektive im Satz nach Nomen

E 4

Meine Wohnung ist **klein**.

Ich finde meine Wohnung **schön**.

7 *Es* im Satz

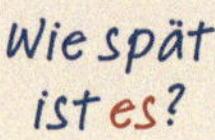

8 Wörter verbinden Sätze

E 2 **1 Pronomen**

Das ist Frau Schiller. Sie ist Deutschlehrerin.

2 Artikel

Wo ist mein Deutschbuch? **Das** ist dort drüben!

Kennst du Frau Schiller? Ja, **die** kenne ich, die ist Deutschlehrerin.

E 3 **3 *dort* und *da***

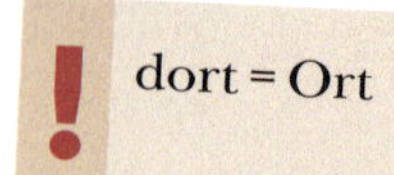

! dort = Ort

Warst du schon mal in Meran? **Dort** spricht man Italienisch und Deutsch.

- ■ Gehen wir am Montag ins Kino. ◆ Tut mir leid, **da** kann ich nicht. **Zeit**
- ■ Warst du schon mal in Meran? ◆ Nein, **da** war ich noch nicht. **Ort**

E 2, 5 **4 *das***

- ■ Cola, Wasser, Cappuccino. **Das** macht 8 Euro 90.
- ? ◆ **Das** verstehe ich nicht. Können Sie **das** wiederholen?
- ■ Kommst du am Freitag? ◆ Freitag? Ja, **das** geht.

Wörter

9 Nomen mit Artikel: *der, das, die, ein, eine, kein, keine*

E 2 1 Bestimmter Artikel: *der, das, die*

der Computer
maskulin

das Haus
neutrum

die Tasche
feminin

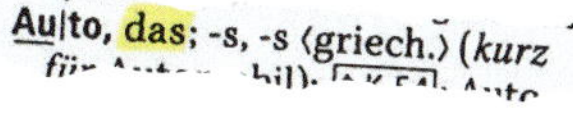
Au|to, das; -s, -s ⟨griech.⟩ (*kurz*

Haus *n* (-*es*; ⁻*er*) casa *f*; (*Gebäude*)

E 2 2 Unbestimmter Artikel: *ein, eine*

ein Computer
maskulin

ein Haus
neutrum

eine Tasche
feminin

E 2 3 Verneinung: *kein, keine*

Das ist ein Computer.

Das ist ***kein*** Computer, das ist ein Monitor.

Singular						Plural	
der	Computer	*das*	Haus	*die*	Tasche	*die*	Computer, Häuser, Taschen
ein	Computer	*ein*	Haus	*eine*	Tasche	–	Computer, Häuser, Taschen
kein	Computer	*kein*	Haus	*keine*	Tasche	*keine*	Computer, Häuser, Taschen

E 4 4 Bestimmter/unbestimmter Artikel und Verneinung im Akkusativ

	Nominativ		Akkusativ	
Das ist	*der/(k)ein* Flur.	Ich finde	**den** Flur	zu klein.
	das/(k)ein Bad.		*das* Bad	
	die/(k)eine Toilette.		*die* Toilette	
		Ich habe	**(k)einen** Flur.	
			(k)ein Bad.	
			(k)eine Toilette.	

5 Possessivartikel im Nominativ

Personalpronomen	Singular *der* Balkon / *das* Bad	*die* Wohnung	Plural *die* Balkone/Bäder/ Wohnungen
ich	mein		meine
du	dein		deine
er, es, sie	sein, sein, ihr		seine, seine, ihre
wir	unser		unsere
ihr	euer		eure
sie/Sie	ihr/Ihr		ihre / Ihre

10 Nomen im Plural

E 2

–	~s	~n	~e
der Computer die Computer	das Foto die Fotos	die Tafel die Tafeln	der Kurs die Kurse
der Lehrer die Lehrer	das Handy die Handys	die Regel die Regeln	das Heft die Hefte
der Rekorder die Rekorder	der Kuli die Kulis	die Lampe die Lampen	der Tisch die Tische

~(n)en	~(ä/ö/ü)~e	~(ä/ö/ü)~er
die Zahl die Zahlen	der Stuhl die Stühle	das Haus die Häuser
die Lehrerin die Lehrerinnen	der Schwamm die Schwämme	das Buch die Bücher
die Tür die Türen	der Ton die Töne	das Wort die Wörter

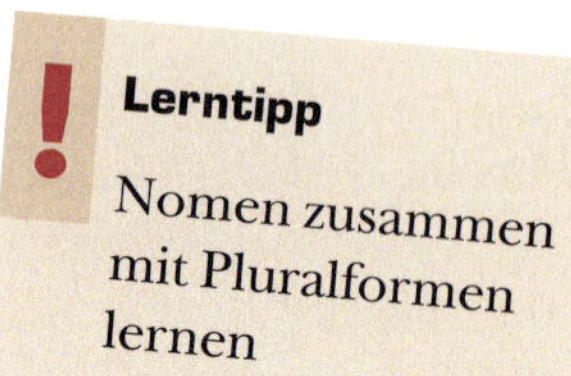

Regel Der bestimmte Artikel im Plural ist immer **die**.

11 Wortbildung: Komposita
E 2

		Bestimmungswort	Grundwort
das Büro	*der* Stuhl	**der** Büro-	stuhl
der Flur	*die* Lampe	**die** Büro-	lampe
der Schreibtisch		**die** Flur-	lampe
		die Schreibtisch-	lampe

Regel Der Artikel von Komposita ist der Artikel des Grundwortes.
Das Grundwort steht am Ende.

12 Präpositionen: *am, um, bis, von ... bis* + Zeit
E 5

am	**Am** Montag gehe ich in den Kurs.	Zeitpunkt	am + Tag
um	Der Kurs beginnt **um** neun Uhr.		um + Uhrzeit
von ... bis	Der Kurs dauert **von** 19 **bis** 21 Uhr. / **von** Montag **bis** Freitag. / **bis** Sonntag.	Zeitraum	

13 Präpositionen: *in, neben, unter, auf, vor, hinter, an, zwischen, bei* + Ort (Dativ)
E 6

Wo ist mein Autoschlüssel?

Der Autoschlüssel hängt an der Wand.

... liegt auf der Kommode.

... liegt unter der Zeitung.

... liegt im Regal neben den Büchern.

Singular

		der Schreibtisch	*das* Regal	*die* Kommode
Der Schlüssel ist	in / neben / unter / auf / vor / hinter	**dem** Schreibtisch	**dem** Regal	**der** Kommode.
Der Schlüssel hängt	an			**der** Wand.

Plural

Der Stuhl steht	zwischen / bei	**den** Schreibtische**n** / **den** Regale**n** / **den** Kommode**n**.

in dem = **im**
an dem = **am**
bei dem = **beim**

Regel der/das → **dem** die → **der** die (Plural) → **den**

14 Präposition: *mit* + Dativ

E 6

der Bus		**mit dem** Bus zur Arbeit.
das Auto	Ich fahre	**mit dem** Auto zur Arbeit.
die Straßenbahn		**mit der** Straßenbahn zur Arbeit.

15 Fragewörter

E 1, 2, 3, 5

wo?	■ Wo warst du gestern?	◆ In Hamburg.
	■ Aarau? Wo liegt denn das?	◆ In der Schweiz.
woher?	■ Woher kommen Sie?	◆ Aus Polen. / Aus der Türkei.
was?	■ Was heißt das auf deutsch?	◆ Radiergummi.
	■ Was möchten Sie trinken?	◆ Kaffee, bitte.
wer?	■ Wer ist denn das?	◆ Das ist John.
wie?	■ Wie heißt du?	◆ Ich heiße Ana.
	■ Wie viel Uhr ist es?	◆ Es ist halb neun.
wann?	■ Wann kommst du nach Hause?	◆ Um vier.

16 Verben

1 Verben: Stamm und Endungen

E 1, 2

	kommen	**wohnen**	**heißen**	**trinken**	**können**	**möchten**	**mögen**
ich	komm**e**	wohn**e**	heiß**e**	trink**e**	**kann**	möcht**e**	**mag**
du	komm**st**	wohn**st**	heiß**t**	trink**t**	**kannst**	möcht**est**	**magst**
er/es/sie	komm**t**	wohn**t**	heiß**t**	trink**t**	**kann**	möcht**e**	**mag**
wir	komm**en**	wohn**en**	heiß**en**	trink**en**	könn**en**	möcht**en**	mög**en**
ihr	komm**t**	wohn**t**	heiß**t**	trink**t**	könn**t**	möcht**et**	mög**t**
sie / Sie	komm**en**	wohn**en**	heiß**en**	trink**en**	könn**en**	möcht**en**	mög**en**

2 Hilfsverben *sein* und *haben*

E 3, E 5

		Präsens	Präteritum	Präsens	Präteritum
Singular	ich	bin	war	habe	hatte
	du	bist	warst	hast	hattest
	er, es, sie	ist	war	hat	hatte
Plural	wir	sind	waren	haben	hatten
	ihr	seid	wart	habt	hattet
	sie / Sie	sind	waren	haben	hatten

17 Verben: Verneinung mit *nicht*

E 5

Ich	gehe	am Sonntag	nicht	ins	Theater.
Ich	kann	heute	nicht.		
Am Freitag	kann	ich	nicht.		
Das	geht		nicht.		
Kommst		du	nicht	mit?	

Phonetik auf einen Blick

Die deutschen Vokale

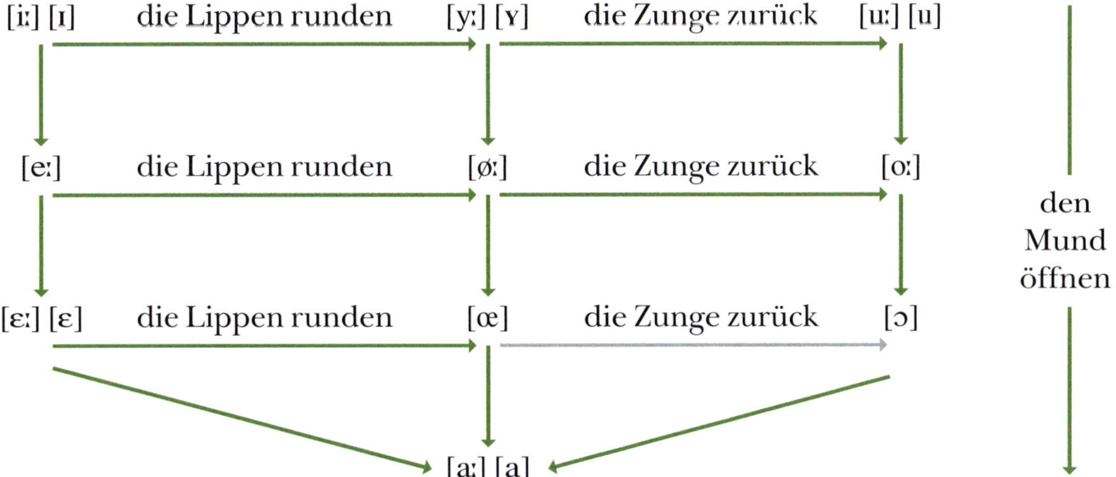

Beispiele für lange und kurze Vokale

[aː – a] gebadet – gemacht; [eː – ɛ] geregnet – gezeltet; [iː – ɪ] gespielt – besichtigt

Ich habe eine Radtour gemacht. Du hast dich an der Ostsee erholt. Er hat am Meer gezeltet.
Wir haben Ulm besucht. Sie haben Wien besichtigt.

Das lange [eː]

[eː]: nehmen, geben, leben, wenig, der Tee, der See

Die Endungen -e, -en, -el, -er

Ich habe heute keine Sahnetorte. Am liebsten möchten wir einen Kuchen essen.
Äpfel und Kartoffeln sind Lebensmittel. Eier esse ich lieber, aber Eier sind teuer.

Beispiele für nicht-runde und runde Vokale

[iː – yː] vier – für, spielen – spülen, das Tier – die Tür, Kiel – kühl

[ɪ – ʏ] die Kiste – die Küste, das Kissen – küssen, die Brillen – brüllen

[eː – øː] lesen – lösen, er – das Öhr, die Meere – die Möhre

[ɛ – œ] kennen – können, der Wärter – die Wörter

Beispiele für Umlaut oder nicht Umlaut

[yː – uː] die Brüder – der Bruder, spülen – spulen

[ʏ – ʊ] drücken – drucken, nützen – nutzen

[øː – oː] schön – schon, die Größe – große, die Höhe – hohe

Drei lange Vokale nebeneinander

[iː – yː – uː] die Ziege – die Züge – im Zuge, das Tier – die Tür – die Tour, vier – für – ich fuhr, spielen – spülen – spulen

Schreibung und Aussprache [p, b, t, d, k, g]

[p] kann man schreiben: p wie in *das **P**a**p**ier*
pp wie in *die Su**pp**e*
-b am Wort- oder Silbenende wie in *hal**b** vier*

[b] kann man schreiben: b wie in *ein **b**isschen*

[t] kann man schreiben: t wie in *die **T**asse*
tt wie in *das Be**tt***
th wie in *das **Th**eater*
-dt wie in *die Sta**dt***
-d am Wort- oder Silbenende wie in *das Gel**d***

[d] kann man schreiben: d wie in *das **D**atum*

[k] kann man schreiben: k wie in ***k**önnen*
ck wie in *der Zu**ck**er*
-g am Wort- oder Silbenende wie in *der Ta**g***

[g] kann man schreiben: g wie in ***g**ern*

Schreibung und Aussprache [f] und [v]

[f] kann man schreiben: f wie in ***f**ahren*
ff wie in *der Lö**ff**el*
v wie in *der **V**ater*
ph wie in *die **Ph**onetik*

[v] kann man schreiben: w wie in ***w**er*
v wie in *die Uni**v**ersität*

Schreibung und Aussprache der Nasale [n, ŋ]

[n] kann man schreiben: n wie in ***n**ein*
nn wie in *kö**nn**en*

[ŋ] kann man schreiben: ng wie in *der Ju**ng**e*
n(k) wie in *die Ba**n**k*

Aussprache des Konsonanten r

[r] muss man sprechen: [r] wie in ***r**ichtig* für r am Silbenanfang
[ɐ̯] wie in *der Be**r**g* für r am Silbenende (+ Konsonant/en)
[ɐ] wie in *bess**er*** für -er am Silbenende

Alphabetische Wörterliste

Die alphabetische Wörterliste enthält den Wortschatz von Start bis Einheit 6 des Kursbuchs. Zahlen, grammatische Begriffe sowie Namen von Personen, Städten und Ländern sind in der Liste nicht enthalten.

Wörter, die nicht zum Zertifikatswortschatz gehören, sind *kursiv* gedruckt. Sie müssen Sie nicht unbedingt lernen.

Die Zahlen geben an, wo die Wörter zum ersten Mal vorkommen (z. B. 3/1.3 bedeutet Einheit 3, Block 1, Übung 3 oder Ü 6/1 bedeutet Übungen zur Einheit 6, Übung 1).

Ein • oder ein – unter dem Wort zeigt den Wortakzent:
ạ = kurzer Vokal
a̲ = langer Vokal

Nach den Nomen finden Sie immer den Artikel und die Pluralform:

" = Umlaut im Plural
* = es gibt dieses Wort nur im Singular
, = es gibt auch keinen Artikel
Pl. = es gibt dieses Wort nur im Plural

Abkürzungen:
Abk. = Abkürzung
Kurzf. = Kurzform
etw. = etwas
jdn = jemanden
jdm = jemandem
Akk. = Akkusativ
Dat. = Dativ

A

Abend, der, -e 5/4.1
Abendessen, das, - 5/1.2
abends 5/2.1
aber 4/1.2
Abkürzung, die, -en Start 3.4
ablehnen 5/5.1b
absagen 5/6.4b
Abteilung, die, -en 6/2.5
Ach! 3/2.1
ach so 5/2.3
achten auf (+ *Akk.*) 3/1.5
Aha! 3/1.3
Ahnung, die, -en 2/1
***Airbus,** der, -se* Start 1.1
***Airport,** der, -s* Start 1.1
akademisch 3/5.1
Akzent, der, -e 1/2.7
Aldi 6/1
***Alkoholfreies,** *,** 1/4.3
alle 1/3.6
***Allgemeinmedizin,** die, ** 5/2.5
Alphabet, das, -e Start
also 1/1.1d
alt, älter, am ältesten Start 4.1
***Altbauwohnung,** die, -en* 4/1
Amt, das, "-er 5/2.6
an Start 4.1
anderer, anderes, andere Start
***Anfang** (am), der, "-e* Stat. 1/1.3
anfangen 5/6.3
angeben 3
ankreuzen 1/3.5
Anruf, der, -e 5/3.2b
Anrufbeantworter, der, - 5/2.5
anrufen 5
anschreiben 2/1
ansehen 2/4.1
Antwort, die, -en Start 2.2
antworten 2/6.1
***AOK** (Allgemeine Ortskrankenkasse)* 5/3.1b
Arbeit, die, -en 2/5.1
arbeiten (als) 1/2.8
***Arbeitsanweisung,** die, -en* 2/6.2
***Arbeitszimmer,** das, -* 4/4.4a
***Arme,** der/die, -en* 4/7.1
Arzt/Ärztin, der/die, "-e/-nen 1/4.2
***Atmosphäre,** die, -n* Start 4.1
auch Start 2.5
auf Start
auf dem Land 4/1.1
Auf Wiederhören! 5/3.1b
Auf Wiedersehen! 1/4.3
Aufenthaltsgenehmigung, die, -en 5/2.6
Aufgabe, die, -en Start 2.7
aufstehen 5
aus Start 1.4
***ausdenken** (sich etw.)* 2/2.3
ausgehen 5/2.1
Auskunft, die, * Ü1/7
Ausland, das, * Start 4.5
***Auslandsgermanistik,** die, ** Stat. 1/4.2
Ausländer, der, - 5/2.6
Ausländeramt, das, "-er 5/2.6
ausprobieren 4/6.1
***Ausrede,** die, -n* 5/5.3
Aussprache, die, -n Ü 1
auswählen Start 4.2
Auto, das, -s Start 3.4
Autobahn, die, -en 5/3.2b
***Autoschild,** das, -er* Stat. 1/2.4
***Autoschlüssel,** der, -* 6/3.4

B

Bad (*Kurzf. für* Badezimmer, -), das, "-er 4/2.2b
baden 4/2.1
Badewanne, die, -n 4/6.1
Bahn, die, -en 5/7.2b
Bahnhof, der, "-e 6/1
Balkon, der, -e 4/2.2b
Bank, die, -en Start 4.5
Bar, die, -s Ü 3/7
***Basis,** die, Pl. Basen* Start 4.5
bauen 4/5
***Bauernhaus,** das, "-er* 4/1
Baum, der, "-e 2/4.3

bayrisch 3/3.4
beantworten 5/7.2a
beginnen 1
Begriff, der, -e Stat.1/3.1
begrüßen (jdn) Start
Begrüßung, die, -en Start 2.9
bei Start 3.7
beide 2/6.2
Beispiel, das, -e 3/5.3
Bekannte, der/die, -n/-n Stat. 1/2.1
bekommen 4/7.1
benennen 2/1.4
berichten Start 2.4
Beruf, der, -e 5/3.2
berühmt 6/5.1
beschreiben 3/4.2
besonders 4
besser als 5/7.1
bestellen 1
bestimmte 4/4.3b
Besuch, der, -e 5/5.1b
besuchen 6/5.1
Besucher/in, der/die, -/-nen 6/5.1
betonen Start 3.8
Betonung, die, -en 4/5.2
Bett, das, -en 4/8.1
bezahlen 1
Bibliothek, die, -en Stat. 1/1.3
Bild, das, -er Start 1.1
bilingual 3/5.1
billig 4/2.2b
Bingo, das, * 1/3.6
Biografie, die, -n 2/5
Biologie, die, * 2/5.1
bis 1/3.4
Bis dann! 5/4.2
Bis morgen! 4/7.1
bitte 1/1.1d
Bitte, die, -n 2/6.2
bitten (um etw.) 5/5.1b
Bleistift, der, -e 2/1.4
brauchen 4/7.1
breit 4/7.1
Brille, die, -n 6/3.4
Buch, das, "-er 2/3.1
Bücherregal, das, -e 4/2.2b
Buchhandlung, die, -en 6/1
Buchmesse, die, -n 6/5.1
Buchstabe, der, -n Stat. 1/2.3
buchstabieren Start
bummeln 6/5.1
Büro, das, -s Start 1.1
Bürostuhl, der, "-e 4/5.2
Bus, der, -se 6/1.4

C

ca. (Abk.: circa) Stat. 1/4.3
Café, das, -s Start 4.1
Cafeteria, die, -s (auch Cafeterien) Start 1.1
Cappuccino, der, - 1/4.3
CD, die, -s 4/3.3
CD-Player, der, - 2/1.4
CD-ROM, die, -s 6/3.3
Chaos, das, * 4/2.2b
chaotisch 4/4.4a
Chef/in, der/die, s/-nen 6/2. 1
Chemie, die, * 2/5.1
Chinesisch, das, * Start 4.1
Cola, die od. das, -s (Kurzf. von Coca-Cola) 1/4.3
Collage, die, -n Start 4.4
Computer, der, - Start 1.1

D

da 5/3.1b
daneben 4/4.4a
Dänisch, das, * 3/4.2
danke 1/4.3
dann Start 4.1
Das ist/sind ... 1/1.1d
Das macht ... 1/4.3
denken 5/7.2b
denn 3/1.4
der, das, die Start 1.2
Deutsch, das, * Start
Deutsche, der/die, -n 5/7.2b
Deutschkurs, der, -e 1/1.1d
Deutschlehrer/in, der/die, -/-nen Start 2.1
Dezember, der, * Ü 6/9
Dialog, der, -e Start 2.1
Dialoggrafik, die, -en 1/4.5
Dichter/in, der/die, -/-nen 6/5.1
Dienstag, der, -e 5/1.1
dirigieren 6/5.1
Disko, die, -s 5/4.3
doch 4/7.1
Dokumentation, die, -en Stat. 1/3.5
Donnerstag, der, -e 5/1.1
dort Start 4.5
dran sein 1/3.7a
draußen bleiben 2/4.4
Drucker, der, - 6/3.3
du 1/1.1d
dunkel 4/2.2b
durchstreichen 1/3.6
Dynamik, die, * Start 4.5

E

Echo, das, -s 5/2.3
Eigentümer, der, - 4/8.1
ein bisschen Start 4.1
ein, ein, eine Start 2.7
einfach 5/6.2
Einfamilienhaus, das, "-er 4/1
einkaufen 5/6.3
einladen 6/5.1
Einstellen, das 4/8.1
eintragen 6/2.7
Einwohner/in, der/die, -/-nen Start 4.5
Einwohnermeldeamt, das, "-er 5/2.6
Eis, das, * 2/4.4
Eistee, der, -s 1/1.1d
Elektronikingenieur/in, der/die, -e/-nen Start 4.1
E-Mail, die, -s 4/7.1
Empfang, der, * 6/2.1
Ende, das, -n 5/2.4
Englisch, das, * Start 4.1
Ensemble, das, -s Start 4.1
entschuldigen (sich für etw.) 5
Entschuldigung! 1/1.1d
Erdgeschoss, das, -e 6/2
ergänzen Start 2.7
erklären 2/6.2
erst 5/7.2b
erzählen 5/2.3
es 5/1.1
Espresso, der, -s (auch Espressi) Start 1.1
essen 4/2.1
Esstisch, der, -e 4/5.1b
Esszimmer, das, - 4/8.1
Etage, die, -n 6/2

etwas 1
etwas (= ein bisschen) 3/4.5
Euro, der, -[s] Start 1.1
Europa 3/1
Europäer/in, der/die, -/-nen 5/7.2b
Export, *der, -e* Stat. 1/4.1

F

fahren 3/5.1
Fahrplan, der, "-e 5/7.2b
Fahrrad, das, "-er 2/4.4
Familie, die, -n Start 4.1
Familienname, der, -n Start 3.7
Fanta, *die,* * 1/4.3
fantastisch Start 4.1
Farbe, die, -n 2/2.3
fast 5/7.2b
Favorit, *der, -en* Start 3.11
Faxnummer, *die, -n* Ü 1/7
Fehler, der, - 1/3.7a
Feiertag, der, -e Ü 6/10
Feld, das, -er 6/2.7
Fenster, das, - 2/4.3
Fernseher, der, - 2/1.4
fertig 1/3.7a
fest Stat. 1/1.1b
Fest, das, -e Ü 5/10
Feuerwehr, die, -en 1/4.2
Film, der, -e 2/2.3
finden (1) (etw. gut finden) Start 4.1
finden (2) 1/4.2
Finnisch, *das,* * 3/4.2
Flair, *das,* * Start 4.5
Flämisch, *das* * Ü 3/11
fliegen Start 4.1
Flur, der, -e 4/2.2b
Form, die, -en 2/3.1
formal Stat. 1/2.1
Foto, das, -s 1/1.1c
Frage, die, -n Start 2.2
fragen Start 2.4
fragen nach (+ *Dat.*) Start
Französisch, das, * Start 4.1
Frau, die, -en Start 2.1
frei 1/1.1d
frei haben 5/5.1b
Freitag, der, -e 5/1.1
fremd Stat. 1/1.1b
Fremdsprache, die , -n, 3/4.2
Freund/in, der/die, -e/-nen Start 4.1
Frisör/in, der/die, -e/-nen 5/5.1b
Frühstück, das, * 5/1.2
frühstücken 5/2.1
Füller, der, - 2/1.4
funktionieren 4/7.1
für Start 4.1
Fuß, der, "-e Ü 4/9
Fußball, der, "-e 2/4.4

G

ganzer, ganzes, ganze 6/5.1
gar kein Stat. 1/3.1
Garten, der, " 4/1.1
geben (es gibt ...) Start 4.5
geboren (sein) 6/4.4
Geburtstag, der, -e 6/4.3
Geburtstagskalender, *der, -* 6/4.4
Gegenstand, der, "-e 2/1.4
Gegenteil, das, -e 4/4.2
gehen (1) 5/2.1
gehen (2) (das geht [nicht]) 5/4.1
gehören (zu + *Dat.*) Start 4.1
gemeinsam 1/4.6
genauso 5/7.2b
Geografie, *die,* * Start 4.4
geografisch 3
gern, lieber, am liebsten 3/2.1
Geschäft, das, -e 6/5.1
Geschichte, die, -n 2/2.3
Gespräch, das, -e 1
gestern 3/2.4b
Getränk, das, -e 1/2.1
getrennt 1/4.3
Gewandhaus, *das, "-er* 6/5.1
Gewinner/in, *der/die, -/-nen* 1/3.6
Gitarre, *die, -n* 2/5.1
glauben 5/7.2b
gleich 1/4.6
global Start 4.5
Glück, das, * 4/7.1
Grafik, *die, -en* 3/4.2
Grenze, die, -n 3/5.1
Griechisch, *das,* * 3/4.2
groß, größer, am größten 4/1.1
Großstadt, die, "-e 6/5.1
gründen Stat. 1/4.3
Grundwort, *das, "-er* 4/5.1c
Gruppe, die, -n Start 3.2
Grüß dich! 1/1.1d
Gruß, der, "-e 3/1
gut, besser, am besten 2/5.1
Gute Fahrt! 5/3.2b
Guten Tag! Start 2.1
Gymnasium, das, *Pl.:* Gymnasien 3/5.1

H

haben, hatte Start 4.1
Hafen, *der, "-* Stat. 1/4.1
halb (eins) 5/1.2
halbe, halbe, halbe 6/1
Hallo! Start 2.1
Handel, *der,* * 6/5.1
Handtasche, die, -n 6/3.4
Handy, das, -s 2/1.4
hängen 6/3.2
hässlich 4/4.2
hätte gern 5/3.1b
Hauptbahnhof, der, "-e 6/1
Hauptstadt, die, "-e 3/3.4
Haus, das, "-er 2/2.1
Hausaufgabe, die, -n 2/6.2
Heft, das, -e 2/1.2
Heimat, die, * Start 4.5
heiß 6/3.5
heißen Start 1.2
helfen 1/2.2
hell 4/1.1
Herd, der, -e 4/6.1
Herkunft, *die, "-e* Start
Herr, der, -en Start 2.1
heute Start 4.1
Hi! 1/1.1d
hier Start
Hilfe, die, -n 4/7.1
hinter 6
Hobby, das, -s Start 4.1
Hochhaus, das, "-er 4/1
hören Start 1
Hörspiel Stat. 1/3.5
Hotel, das, -s 6/1.1
Hund, der, -e 2/4.4

I

ich Start 2.1
im Start 2
immer 2/2.3
***Import**, der, -e* Stat. 1/4.1
in Start 1.2
***Industrie**, die, -n* Stat. 1/4.1
Information, die, -en 3/3.4
interessant 2/5.1
interkulturell Start 4.1
international Start
***Internationalität**, die, ** Start 4.5
Internet, das, * 1/4.2
Italienisch, das, * 3/2.2

J

ja 1/1.1d
Jahr, das, -e Start 4.1
Japaner/in, der/die, -/-nen Ü 4/12
jeder, jedes, jede 3/5.1
jemand Start
jetzt Start 2.5
Job, der, -s Start 4.1
joggen Ü 5/14
Junge, der, -n Start 3.8

K

Kaffee, der, -s Start 1.1
Kalender, der, - 6/3
kalt, kälter, am kältesten 6/3.5
Kantine, die, -n 6/2. 1
***Kantor**, der, -en* 6/5.1
kaputt 5/5.3
***Karaoke**, das, -s* Ü 1/13
***Karfreitag**, der, -e* Ü 6/10
Karte, die, -n 3/1.1
Kasten, der, "- 1/2.1
kein, kein, keine 2
Keine Ahnung! 2/1
kennen Start 1.3
kennen lernen (jdn/etw.) 1
Kind, das, -er 2/5.1
Kinderzimmer, das, - 4/4.4a
Kino, das, -s 5/4.1
***Kinobesuch**, der, -e* 5/5.1b
***Kinofilm**, der, -e* 6/5.2b
Kirche, die, -n 6/5.1
klar 1/1.1d
Klasse, die, -n Ü 5/10
klein 4/1.1
kochen 4/2.1
Koffer, der, - 2/4.4
kommen Start 1.4
kommentieren 4/4.4a
***Kommode**, die, -n* 4/5.3
Kommunikation, die, * Start 4.1
kompliziert 5/2.6
***Komponist/in**, der/die, -en/-nen* 6/5.1
***Konferenzraum**, der, "-e* 6/2. 1
***Konjugation**, die, -en* 5/6.2
können 2/1
Kontakt, der, -e 3/5
kontrollieren 1/3.4
***Konversation**, die, -en* 3/4.5
Konzert, das, -e Start 4.1
***Kooperation**, die, -en* 3/5.1
kooperieren 3/5.1
Kopf, der, "-e 2/2.3
kosten 4/1.1
Krankenhaus, das, "-er Ü 6/1
Krankenkasse, die, -n 5/3.1b
***Kreide**, die, -n* 2/1.4
Küche, die, -n 4/2.1
***Küchenduell**, das, -e* Stat. 1/3.5
Küchenschrank, der, "-e 4/5.1b
Küchentisch, der, -e 4/5.1a
Kühlschrank, der, "-e 4/6.1
Kuli, der, -s (*Kurzf. von* Kugelschreiber) 2/1.2
Kultur, die, -en 2/5.1
kulturell 3/5.1
Kurs, der, -e Start 1.1
Kursbuch, das, "- er 2
Kursleiter/in, der/die, -/-nen 2/6.2
Kursraum, der, "-e 2/1.7
Kursteilnehmer/in, der/die, -/-nen 2/4.5b
kurz nach 5/1.2
kurz vor 5/1.2
kurz, kürzer, am kürzesten 4/4.2

L

Lage, die, -n 3
Lampe, die, -n 2/1.4
Land, das, "-er 1/4.6
***Ländername**, der, -n* 3/1.5
***Landeskunde**, die, ** 1/4.6
Landkarte, die, -n 3/2.5
lang, länger, am längsten 4/2.2b
langsam 2/6.2
***Lärmen**, das* 4/8.1
laut 1/3.7a
leben Start 4.1
***Lehrbuch**, das, "-er* Stat. 1/1.1a
Lehrer/in, der/die, -/-nen Start 2.1
leid tun (etw. jdm) 5/1.1
leise 4/4.2
lernen Start
***Lernkartei**, die, -en* 4/6.1
***Lernplakat**, das, -e* 2/1.4
lesen Start 2.5
***Letzeburgisch**, das, ** Ü 3/11
Leute, *Pl.* 1/1.1a
Lieber/Liebe (*Anrede im Brief*) 4/7.1
lieben 2/5.1
liegen (1) (das liegt im Südosten von) 3/2.5
liegen (2) 6/3.2
links 4/2.2a
Liste, die, -n 2/2.2
***Losnummer**, die, -n* 1/3.5
***Lottozahlen**, Pl.* 1/3.5
***Lösungswort**, das, -er* Ü 4/10
***Löwe**, der, -n* 2/2.3
lyrisch 5/6.2

M

m² (= Quadratmeter) 4/1.1
machen Start 4.3
Mädchen, das, - Start 3.8
Mai, der, * 6/4.3
mal 3/2.1
man 3/1.4
manchmal 5/7.2b
Mann, der, "-er 2/4.2
***Marketing**, das, ** 6/2. 1
markieren 1/2.7
Marktplatz, der, "-e Start 4.5

Märchen, *das, -* Stat. 1/3.5
März, der, * 6/5.1
Material, *das, Pl.: Materialien* Stat. 1/1.1a
Maus, die, "-e (Computer) 6/3.3
Medizin, *die, -en* Ü 6/1
Medizintechnologie, *die, -n* Start 4.1
mehr (als) 3/5.1
mehrere, *Pl.* 4/5.3
Mehrsprachigkeit, *die, ** 3/4.6
mein, mein, meine Start 2.1
meisten, *Pl.* 3/1.5
meistens 5/7.2b
melden 5/2.6
Melodie, *die, -n* 3/2.3
Mensch, der, -en Start 4.1
Messe, *die, -n* 6/5.1
Mietvertrag, der, "-e 5/2.6
Milchkaffee, *der, -* 1/4.3
Million, die, -en 1/4.6
Millionenstadt, *die, "-e* Stat. 1/4.1
Mineralwasser, das, - 1/4.3
Minimetropole, *die, -n* Start 4.5
Minute, die, -n Start 4.1
mit Start 2.9
mitkommen 5/6.4a
mitlesen 1/1.1b
mitmachen Start 3.1
mitschreiben 1/3.7b
Mittag, der, -e 5/5.1b
Mittagessen, das, - 5/1.2
Mittagspause, die, -n 5/2.1
Mitternacht, die, * 5/1.2
Mittwoch, der, -e 5/1.1
Möbel, das, - 4/5.1b
Möbelstück, *das, -e* Stat. 1/3.3
möchten (mögen) 4/2.3
modern 4/4.4a
mögen Start 4.1
Möglichkeit, die, -en 4/5.3
Moment, der, -e (im Moment) 2/5.1
Monitor, der, -e 6/3.3
Montag, der, -e 5/1.1
morgen 4/7.1
Morgen, der, - 5/5.1b
morgens 5/1.2
Münze, die, -n 1/4.6
Museum, das, *Pl.:* Museen Start 4.5
Musik, die, -en Start 1.1
Musiker/in, der/die, -/-nen Start 4.1
Musikfan, *der, -s* 6/5.1
müssen 2/4.4
Muttersprache ≠ Fremdsprache, die, -n 3/4.2

N

nach Start 4.1
nach Vereinbarung 5/5.1b
Nachbar, der, -n 3/4.1
Nachbarland, *das, "-er* Ü 3/11
Nachbarregion, *die, -en* 3/5.1
nachfragen 2
nachsprechen Start 2.2
nächster, nächstes, nächste 5/3.1b
nachts 5/1.2
Name, der, -n Start
national 1/4.6
neben 6
nehmen 1/1.1d
nein 2/4.4
nennen 3/5.3
neu 4/4.2
neutral Stat. 1/2.1
nicht 2/1
Niederländisch, *das, ** 3/4.2
noch 1/1.1d
noch einmal Start 3.9
Norden, der, * 3/2.5
nördlich von 3/2.5
normal Stat. 1/3.4
notieren Start 2.4
Null, die, -en 5/1.2
nur 3/3.3

O

oben 4/2.2b
oder 1/1.1d
offiziell 1/4.6
Öffnungszeit, die, -en 5/2.6
oft 5/7.1
okay 3/2.1
ökonomisch 3/5.1
online 6/2. 1
Oper, *die, -n* Start 1.1
Orangensaft, der, "-e 1/1.1d
Orchester, *das, -* Start 1.1
ordnen Start 3.8
Ordnungszahl, *die, -en* 6
Orientierung, *die, -en* 3/2.5
Ort, der, -e 3/5.1
Osten, der, * 3/2.5
Ostermontag, *der, -e* Ü 6/10
Overheadprojektor, der, -en 2/1.4

P

Paar, das, -e Ü 2/9
packen 4/7.1
Panne, die, -n 5/6.2
Papier, das, *, (-e) 2/1.4
Park, der, -s 5/4.3
Parkplatz, der, "-e 6/2.6
Partner/in, der/die, -/nen Start 2.4
Partnerinterview, *das, -s* Start 2.4
Party, die, -s 5/7.2a
passen (zu + *Dat.*) Start 4.1
passen 4/2.2d
Passfoto, das, -s 5/2.6
passieren 3/5.1
Pause, die, -n 2/6.2
Person, die, -en Start 2.7
Personalabteilung, *die, -en* 6/2.6
Personalangabe, *die, -n* Start 2.7
Personenraten, *das, ** 3/3.3
Pfingstmontag, *der, -e* Ü 6/10
Pilot/in, *der/die, -en/-nen* Start 4.1
Plan, der, "-e 5/7.1
Platz, der, "-e 4/2.2b
Polizei, die, * 1/4.2
Polnisch, *das, ** Start 4.1
populär Stat. 1/2.1
Portugiesisch, *das, ** 3/4.2
Position, *die, -en* 3/3.2a
Postkarte, die, -n 3/1.4
Postleitzahl, die, -en 4/7.1
Praxis, die, *Pl.:* Praxen 5/3.1b
Preis, der, -e 1/4.3
pro 4/7.1
Problem, das, -e 4/7.1
Projekt, das, -e 3/5.1

Prozent, das, -e Start 4.5
pünktlich ≠ unpünktlich 5/7.2a
***Pünktlichkeit**, die, ** 5/7

Q

qm (= Quadratmeter, der, -) 4/2.2b
Quiz, das, - 1/4.7

R

Rad, das, "-er 2/4.4
Radiergummi, der, -s 2/1
Radio, das, -s Ü 2/8
***Radioprogramm**, das, -e* Stat. 1/3.4
***Rap**, der, -s* Start 3.1
raten 1/4.7
***Rathaus**, das, "-er* Stat. 1/4.3
Raum, der, "-e 4/2.2b
***Realschule**, die, -n* Ü 3/12
Rechnung, die, -en 1/4
rechts 4/2.2a
***Redakteur/in**, der/die, -e/-nen* 6/2. 1
***Redaktion**, die, -en* 6/2. 1
***Redemittel**, das, -* Start 2.9
***Redemittelkasten**, der, "-* Start 2.9
Regal, das, -e 4/2.2b
Regel, die, -n 3/3.2b
***Region**, die, -en* 3/5.1
regional Stat. 1/2.1
***Reihenfolge**, die, -n* Ü 2/3
Restaurant, das, -s Start 4.1
richtig 2/3.3
***Richtige** (im Lotto), Pl.* 1/3.5
***Rollenspiel**, das, -e* 5/5
Rücken, der, - 4/7.1
Rückenschmerzen, *Pl.* 4/7.1
ruhig 4/1.1
Russisch, das, * Start 4.1

S

Sache, die, -n 4
sagen 1/3.7b
sammeln 1/1.1a
Samstag, der,-e 5/1.1
Satz, der, "-e 4/6.1
***Satzakzent**, der, -e* 3
***Satzfrage**, die, -n* 3
S-Bahn, die, -en Ü 6/1
Schale, die, -n 1/4.3
Schatten, der, - 5/2.3
Schein, der, -e (Euro-) 1/4.6
schlafen 4/2.1
Schlafzimmer, das, - 4/5.3
schnell Start 4.1
schon 3/2.1
schön 4/2.2b
Schrank, der, "-e 4/5.1b
schreiben 2/2.1
Schreibtisch, der, -e 4/5.1b
***Schreibtischlampe**, die, -n* 4/5.1a
Schule, die, -n Start 1.1
Schüler/in, der/die, -/-nen 3/5.1
Schwamm, der, "-e 2/1.4
***Schwedisch**, das, ** 3/4.2
schwer 4/7.1
schwimmen 5/4.1
sehen Start 1
Sehenswürdigkeit, die, -en 3
sehr Ü 3/8
sein, war 1/1.1d
sein, sein, seine Start 4.1
seit Start 4.1
Seite, die, -n 2/2.2
Sekretariat, das, -e 6/2.6
Sekretärin, die, -nen 2/5.1
selbst 2/4.5a
***Selbsttest**, der, -s* 1/2.9
Semester, das, - Start 4.1
***Seminar**, das, -e* Stat. 1/1.3
Sessel, der, - 4/5.3
signalisieren 2/1.2
Silbe, die, -n Start 3.8
***Sinfonie**, die, -n* 6/5.1
***Skaterparadies**, das, -e* Start 4.5
Ski fahren Start 4.1
***Skyline**, die, -s* Start 4.5
***Slowakisch**, das, ** 3/4.3
so 3/1.4
so gegen 5/3.2b
Sofa, das, -s 4/5.3
***Sommer**, der, -* Start 4.1
Sonntag, der, -e 5/1.1
sortieren Start 4.3
***Soziologie**, die, ** Stat. 1/4.2
Spanisch, das, * Start 4.1
spät 5/1.4
***Speise**, die, -n* 1/4.3
***Spezialität**, die, -en* Start 4.1
speziell 5/2.6
Spiegel, der, - 4/6.1
Spiel, das, -e Start 3.6
***spielen** (1)* Start 4.1
spielen (2) 1/3.6
Spielplatz, der, "-e 4/8.1
Sport, der, (-arten) 2/5.1
***Sportstudio**, das, -s* Stat. 1/4.5
Sprache, die, -n Start 1.2
***Sprachinstitut**, das, -e* Stat. 1/1.1b
Sprachkurs, der, -e 6/1.4
***Sprachschatten**, der, -* 5/2.3
Sprachschule, die, -n 1/2.8
sprechen (über etw.) 1/1.1a
sprechen Start 4.1
***Sprecher/in**, der/die, -/-nen* Start 1.4
Sprechstunde, die, -n 5/2.5
Sprechzeit, die, -en 5/2.5
Stadt, die, "-e Start 3.3
***Städtediktat**, das, -e* Start 3.3
Städtename, der, -n Start 3.3
***Städteraten**, das* 3/2.6
Stadtplan, der, "-e 5/5.3
***Stadtverkehr**, der, ** 6/1
Stadtzentrum, das, *Pl.:* -zentren 6/1
Start, der, -s Start
***Station**, die, -en* Stat. 1
stattfinden 6/5.1
Stau, der, -s 5/1.1
stehen 3/3.2b
***Stehlampe**, die, -n* 4/5.3
stellen, *hier:* Fragen stellen 1/2.9
Stock, der, * (*Kurzf. für* Stockwerk) 4/1.1
Stopp! 2/3.6
Straßenbahn, die, -en 6/1
Student/in, der/die, -en/-nen Start 4.1
Studentenwohnheim, das, -e 4/1
studieren Start 4.1
Stuhl, der, "-e 2/1.4
Stunde, die, -n 5/3.2b
suchen Start 4.1

Süden, der, * 3/2.5
südlich von 3/2.5
Supermarkt, der, "-e Start 1.1
Suppe, die, -n Ü 5/4
Symbol, *das, -e* Start 4.5
systematisch 2/4.5a

T

Tabelle, die, -n 1/2.6
Tafel (1), die, -n 2/1.4
Tag! (*Kurzf. von* Guten Tag!) 1/1.1d
Tag, der, -e 3/5.1
Tagesablauf, der , "-e 5/2
Talkshow, *die, -s* Stat. 1/3.6
Tasche, die, -n 2/1.4
Tasse, die, -n 1/4.3
Tastatur, die, -en 6/3.3
Tätigkeit, *die, -en* Stat. 1/1.1a
Taxi, das, *Pl.* Taxen Ü 6/2
Taxizentrale, *die, -n* 1/4.2
Technik, *die, -en* Start 4.4
Tee, der, -s 1/1.1d
Telefon, das, -e Start 1.1
Telefonat, *das, -e* 6/4.1b
Telefonbuch, das, "-er 1/4.2
telefonieren (mit jdm) 5/3.2a
Telefonnummer, die, -n 1
Telekommunikation, *die, -en* 3/5.1
Temperatur, die, -en Ü 1/5
Tennisball, *der, "-e* 2/4.4
Termin, der, -e 5
Terminkalender, *der, -* 6/3
Test, der, -s 2/4.5b
teuer, teurer, am teuersten 4/1.1
Text, der, -e Start 4.1
Theater, das, - 2/4.5b
Theaterkarte, die, -n 6/3.4
Thema, das, *Pl.:* Themen 6/5.1
Tipp, *der, -s* 6/5.1
Tisch, der, -e 2/1.4
Toilette, die, -n 4/4.3a
Ton, *der, "-e* Start 1.3
Tourismus, der, * Start 4.4
Tourist, der, -en Start.1.1
Tradition, *die -en* 6/5.1
tragen 1/4.6
trainieren 1/2
Transport, *der, -e* Start 3.4
Traum, der, "-e 4/4.4a
Traumwohnung, *die, -en* 4/4.4
Treffen, das, - 1/1
treffen 5/4.1
Trekkingtour, *die, -en* Stat. 3/1.3
trennbar 5
Treppenhaus, das, "-er 4/8.1
trinken 1/1.1d
Tschechisch, *das,* * 3/4.3
tschüss 5/4.2
Tür, die, -en 2/2.1
Turm, der, "-e 3/1.1
TV, das, -s Start 3.4

U

U-Bahn, die, -en 6/1.4
üben 1/1.1d
über 3/5.1
über (über 200 Millionen) 1/4.6
Übung, die, -en 2/4.5b
Übungszeit, *die, -en* 5/7.1
Ufer, *das,* - Start 4.5
Uhr, die, -en 5/1.5
Uhrzeit, die, -en 5
um 5/2.1
Umgangssprache, *die, -n* 5/1.2
Umlaut, *der, -e* 2
Umzug, der, "-e 4/7
umziehen Stat. 1/3.2
Umzugschaos, *das,* * 4/7.1
Umzugskarton, der, -s 4/7.1
und Start
Uni-Klinik, *die, -en* Ü 6/1
Universität, die, -en Start 4.1
unser, unser, unsere 4/1.1
unten 6/2.1
unter 6
Unterricht, der, * Stat. 1/1.1b
Unterschied, der, -e 3/2.3
unterschiedlich 1/4.6
unterstreichen Stat. 1/3.2c

V

Variante, *die, -n* 2/3.3
Vase, die, -n 4/3.1
verabreden 5
Verabredung, die, -en 5/4
Verabschiedung, *die, -en* Stat. 1/2.1
Verbendung, *die, -en* 1/2.6
verbinden Ü 1/2
verboten (sein) 4/8.1
vergessen 5/5.3
vergleichen 3/3.2a
verheiratet (mit) 2/5.1
Verkehr, der, * 3/5.1
Verkehrsmittel, das, - 6
Verlag, *der, -e* 6/1.1
Verlagshaus, *das, "-er* 6/1
Verlagskaufmann/frau, *der/die, "-er/-en* 6/1
Verneinung, *die, -en* 2
verschieden 4/6.1
Verspätung, die, -en 5
verstehen Start
Vertriebsleiter/in, *der/die, -/-nen* 6/2.7
verwenden 1/4
Video, das, -s 4/7.1
Videorekorder, der, - 2/1.4
viel, mehr, am meisten 4/2.2b
viele 3/5.1
Viele Grüße ... 4/7.1
Viertel nach 5/1.2
Viertel vor 5/1.2
Viertelstunde, die, -n 6/1
Violine, *die, -n* Start 4.1
Visum, das, *Pl.:* Visa 5/2.6
Volkshochschule, die, -n 2/5.1
voll 4/8.1
von (jdm) 5/2.5
von ... nach Start 4.1
vor 6
vorbereiten 5/2.5
vorher Start 4.1
Vorname, der, -n Start 3.8
vorschlagen 5/5.1b
vorstellen (sich) Start
Vorstellung, *die, -en* Start 2.9
Vorwahl, die, -en Ü 1/7

W

Wand, die, "-e 6/3.1
wann 5
warm, wärmer, am wärmsten 1/4.3

warten 5/5.3
was Start 1.1
was für ein ... 4/2.2b
Waschbecken, das, - 4/6.1
Waschmaschine, die, -n 4/7.1
Wasser, das, - 1/4.5
wechseln 3/4.3
Wecker, der, - 5/5.3
Weg, der, -e 6
***Wein,** der, -e* Ü 3/8
weiter 4/4.4b
weitergeben 4/4.4b
Welt, die, -en 6/5.1
weltbekannt Stat. 1/4.1
wenn 6/5.1
wer Start 2.1
Werbung, die, * 6/2.2
Westen, der, * 3/2.5
wichtig 1/4.2
wie Start 1.2
Wie bitte? 2/1.2
Wie geht's? 3/2.1
wie viel 5/1.5
wiederholen 2/1
***Wintersport,** der, ** Stat. 1/5.1c
wirklich 4/2.2b
wo Start 1.3
Woche, die, -n 5/3.1b
Wochentag, der, -e 5
woher Start 2.1
wohnen Start 2.5
***Wohnform,** die, -en* 4/8.1
Wohnung, die, -en 4
Wohnzimmer, das, - 4/2.1
Wort, das, "-er Start
***Wortakzent,** der, -e* Start
Wörterbuch, das, "- er 2
***Wörterliste,** die, -n* 2/2.2
***Wörternetz,** das, -e* 4/6.1
***Wortfeld,** das, -er* 6/1
***Wortkarte,** die, -n* 4/6.1
***Wortschatz,** der* 4
worüber 3/1.2

Y

***Yoga,** das, ** Ü 5/10

Z

Zahl, die, -en 1
zahlen 1/4.3
zählen 1/3
***zählen zu** (+ Akk.)* 6/5.1
***Zahlenlotto,** das, -s* 1/3.5
***Zahlungsmittel,** das, -* 1/4.6
Zahnarzt/-ärztin, der/die, "-e/-nen 5/5.1b
zeichnen 2/4.2
***Zeichnung,** die, -en* 4/2.2a
zeigen 3/1.5
Zeit, die, -en 5
***Zeitangabe,** die, -n* 5
***Zeitplan,** der, "-e* 5/7
Zeitung, die, -en Start 4.4
zentral 4/7.1
Zettel, der, - 4/6.1
ziemlich 4/1.1
Zimmer, das, - 4/1
***Zirkus,** der, -se* 5/4.1
***Zoo,** der, -s* 5/4.3
zu 4
zur 3/5.1
zu Fuß gehen 6/1.4
zu Hause 4/5.1b
zu zweit 5/2.1
zuerst 1/3.6
Zug, der, "-e 5/5.3
zuordnen Start 2.6
zurück Start 4.1
zusammen 1/4.3
zusammengehören Start 1.1
zusammengesetzt 4
zustimmen 5/5.1b
zweimal 5/2.5
zwischen 3/5.1

Hörtexte

Hier finden Sie alle Hörtexte, die nicht oder nicht komplett in den Einheiten und Übungen abgedruckt sind.

Start auf Deutsch

1 3

Meine Damen und Herren, vor uns das Brandenburger Tor, ein Symbol für Berlin, links das Parlament, das Reichstagsgebäude. Rechts das neue Hotel Adlon. Wir sind jetzt auf der Straße ...

Firma Intershop, guten Morgen. Hallo, Nadine. Hi, Claudia, wie geht's?

5,30 Euro bitte. – Unser Tipp heute: marokkanische Orangen, das Kilo 3,20 Euro. Bananen, das Kilo 2,80 Euro. Kiwis aus Neuseeland, 20 Cent pro Stück.

Herr Weimann bitte zum Lufthansaschalter. Es liegt eine Information für Sie vor.
Mr. Weimann please contact the Lufthansa Counter, there's a message for you.

Lufhansa Flug LH 349 nach Zürich, wir bitten die Passagiere zum Ausgang.
Lufthansa flight LH 349 to Zurich now ready for boarding.

1 4

Sprecher 1 kommt aus Italien.
Sprecher 2 kommt aus Russland.
Sprecher 3 kommt aus Deutschland.
Sprecher 4 kommt aus China.

2 2

\+ Wie ist Ihr Name?
– Hallo, mein Name ist Cem Gül.
\+ Und woher kommen Sie?
– Aus der Türkei.
\+ Und wie heißen Sie?
– Mein Name ist Ana Sánchez. Ich komme aus Chile.
\+ Und wer ist das?
– Das ist Herr Tang. Er ist aus China.

3 3

1. Graz – 2. Hamburg – 3. Bern – 4. Berlin – 5. Frankfurt – 6. Wien – 7. Genf – 8. Lugano

3 5

1. + Goethe-Institut München. Grüß Gott.
   – Guten Tag. Kann ich bitte Herrn Benz sprechen?
   \+ Bitte wen? Krenz?
   – Nein, Herrn Benz, B-E-N-Z.
2. + Heier.
   – Guten Morgen, ist dort die Firma Mayer mit A-Y?
   \+ Nein, hier ist Heier. H-E-I-E-R.
   – Oh, Entschuldigung ...
3. + Hotel Astron, guten Morgen.
   – Guten Tag. Hier ist Sundaram. Ich möchte ein Zimmer reservieren.
   \+ Entschuldigung, wie heißen Sie? Buchstabieren Sie bitte.
   – S-U-N-D-A-R-A-M.

1 Café d

2 3

\+ Hallo, ich heiße Monika.
– Ich bin Katja. Das ist Samira.
\+ Woher kommen Sie?
– Aus Deutschland. Ich wohne jetzt in Berlin.
\+ Was möchtest Du trinken?
– Zwei Kaffee, bitte.

3 2

neun – elf – sieben – drei – sechs – acht

3 4

einhundert, zweihundert, dreihundert, vierhundert, fünfhundert, sechshundert, siebenhundert, achthundert, neunhundert, eintausend

3 5

4, 17, 29, 32, 33, 45, Zusatzzahl: 9

3 6

23, 1, 49, 33, 43, 50, 45, 25, 31, 12, 37, 11, 3, 4, 44, 29, 30, 13, 2, 38, 39, 40, 20, 19, 9, 18, 26, 42, 28, 46, 8, 47, 35, 41, 7, 36, 17, 5, 27, 15, 21, 48, 32, 16, 6, 22, 14, 24, 10, 34

4 1

1. + Ich habe jetzt ein Handy.
   – Aha, wie ist die Nummer?
   \+ 0171-235 53 17.
2. + Becker.
   – Becker? Ich habe 73 49 87 55 gewählt!
   \+ Ich habe die 73 49 87 52.
   – Oh, Entschuldigung, falsch verbunden!
3. + ... aha, und wie ist Ihre Telefonnummer?
   – Das ist die 0341-804 33 08.
   \+ Ah, die 0341-804 33 08 ...
4. + Telekom Auskunft, Platz 23.
   – Hallo, ich hätte gern die Nummer von Wilfried Otto in Königshofen.
   \+ Die Nummer kommt: 03423-23 26 88. Ich wiederhole: 03423-23 26 88.

4 3

Dialog 1

Frau Schiller: Oh, der Kurs beginnt. Zahlen bitte!
Bedienung: Drei Eistee? Das macht zusammen 5,70 Euro.
Marina: Und getrennt?
Bedienung: 1,90 Euro bitte.

Dialog 2

Julian: Ich möchte zahlen, bitte! Was kostet der Cappuccino?
Bedienung: 1,60 Euro.
Julian: 1,60 Euro, hier bitte.
Bedienung: Danke. Auf Wiedersehen.

Dialog 3

Katja: Ich möchte bitte zahlen!
Bedienung: Zwei Cola und zwei Wasser, zusammen oder getrennt?
Katja: Zusammen bitte.
Bedienung: Also, zwei Cola, das sind 3 Euro und zwei Wasser à 1,40 Euro. Macht zusammen, Moment: 5,80, bitte.
Katja: Hier bitte. Tschüss.
Bedienung: Auf Wiedersehen.

4 4

Entschuldigung, ist hier frei? – Was möchten Sie trinken? / Was möchtest du trinken? – Kaffee oder Tee? – Was nehmen Sie? Was trinken Sie? – Zwei Kaffee, bitte!

Ü 5

Und nun die Temperaturen in Deutschland am Freitag: Kiel 18 Grad, Rostock 20 Grad, Hamburg 19 Grad, Hannover 20 Grad, Berlin 21 Grad, Köln 21 Grad, Dresden 22 Grad, Frankfurt am Main 23 Grad, Stuttgart 25 Grad, München 24 Grad, Jena 21 Grad. Es folgt die Reisewettervorhersage für Europa ...

Ü 6

1. dreiundzwanzig – 2. achtundzwanzig – 3. siebenunddreißig – 4. dreiunddreißig – 5. fünfundvierzig – 6. einundvierzig – 7. neunundachtzig – 8. fünfzig

Ü 7

1. – Wie ist die Telefonnummer von Siemens in Singapur, bitte?
   + 68 35 48 17.
   – Und die Vorwahl von Singapur?
   + 65.
2. – Die Vorwahl von Namibia, bitte.
   + Namibia? Moment, das ist die 264.
3. Die Faxnummer vom Hotel Borg in Island? Einen Moment. ... 55 11 42 8. Und 354 für Island.
4. – Die Nummer von AVIS in Buenos Aires, bitte.
   + Ja, die Nummer ist 11-4480-9387. Und 54 für Argentinien.

Ü 12

+ Ja, bitte?
– Wir möchten bitte zahlen.
+ Zusammen oder getrennt?
– Zusammen, bitte.
+ Zwei Kaffee und zwei Stück Kuchen, das macht 7,80 Euro.
– Bitte.
+ Danke. Auf Wiedersehen.
– Auf Wiedersehen!

2 Im Sprachkurs

4 2

+ Was ist denn das?
– Das? Rate mal!
+ Ein Mann?
– Nein, falsch. Guck mal jetzt!
+ Eine Frau?
– Ja, schon besser.
+ Eine Lehrerin?
– Ja, richtig! Und was ist das?
+ Ahhh, eine Lehrerin und ein Buch. Hey, das ist ja Frau Schiller, die Deutschlehrerin!

3 Städte – Länder – Sprachen

1 2

+ Was ist das?
– Das ist der Prater.
+ Und wo ist das?
– In Wien.
+ Aha, und in welchem Land ist das?
– Wien ist in Österreich.

Ü 3

1. Frank kommt aus Interlaken.
   + Wo ist denn das? – Interlaken ist in der Schweiz.
2. Swetlana kommt aus Bratislava.
   + Wo ist denn das? – Bratislava ist in der Slowakei.
3. Mike kommt aus San Diego.
   + Wo ist denn das? – San Diego ist in den USA.
4. Stefanie kommt aus Koblenz.
   + Wo ist denn das? – Koblenz ist in Deutschland.
5. Nilgün kommt aus Izmir.
   + Wo ist denn das? – Izmir ist in der Türkei.

Ü 6

Carmen: Entschuldigung, ist hier frei?
Antek: Ja, bitte. Sind Sie auch im Deutschkurs?
Carmen: Ja. Sagen wir „du"?
Antek: Okay, woher kommst du?
Carmen: Ich komme aus España.
Antek: Ach, aus Spanien.
Carmen: Ja, ... aus Spanien. Warst du schon mal in Spanien?
Antek: Ja, ich war in Madrid und Sevilla. Und woher kommst du?
Carmen: Aus Córdoba.
Antek: Das kenne ich nicht. Wo liegt das?
Carmen: Südwestlich von Madrid. Trinkst du auch Kaffee?
Antek: Ja, gern. – Zwei Kaffee, bitte!

4 Menschen und Häuser

Ü 2

Makler: Die Wohnung hat vier Zimmer, Küche, Bad, Toilette und Balkon. Rechts und links sind Kinderzimmer. Die Küche und das Bad haben kein Fenster. Das Wohnzimmer ist sehr groß. Das Wohnzimmer und das Schlafzimmer haben eine Tür zum Balkon. Das Bad ist leider klein. Die Wohnung kostet nur 500 Euro.

Ü 9

1. die Treppe und das Haus: das Treppenhaus
2. die Kinder und das Zimmer: das Kinderzimmer
3. der Fuß und der Ball: der Fußball
4. das Telefon und das Buch: das Telefonbuch

Ü 11

Ich wohne im Studentenwohnheim. Mein Zimmer ist nicht groß. Hier ist die Tür. Links steht ein Bücherregal. Daneben stehen ein Tisch und ein Sessel. Der Tisch ist sehr klein. Rechts steht mein Bett. Mein Fenster ist sehr groß, deshalb ist mein Zimmer schön hell. Der Schreibtisch und der Schreibtischstuhl stehen vor dem Fenster. Mein Zimmer hat keinen Balkon. Aber es ist auch nicht teuer.

Station 1

2 5

In der Fußballbundesliga spielten der Hamburger Sportverein gegen den VfL Wolfsburg 1 zu 3, der 1. FC Kaiserslautern schlägt den 1. FC Köln 2 zu 1, Bayern München gegen Mainz 0 zu 5. Borussia Dortmund gegen Bayer Leverkusen 3 zu 2, Hannover 96 gegen Borussia Mönchengladbach 0 zu 0, Hansa Rostock gegen Arminia Bielefeld 3 zu 3, 1. FC Nürnberg gegen Werder Bremen 0 zu 2 und der Freiburger SC schlägt den VfB Stuttgart 6 zu 1.

3 5

Hier ist der Deutschlandfunk. An unserem Hörspielabend hören Sie *Schöne Grüße,* ein Hörspiel aus Dänemark. Es folgt um 21 Uhr *Das Küchenduell,* eine französische Dokumentation und danach das *Städtegespräch aus Wien,* eine österreichische Talkshow. Um 23 Uhr folgt *Das schöne Mädchen,* ein tschechisches Märchen. Gute Unterhaltung.

5 Termine

1 3

Es ist acht Uhr. – Es ist halb drei. – Es ist Viertel nach neun. – Es ist fünf nach zehn. – Es ist kurz vor zwölf.

1 4

Nachrichten ... 14.40 Uhr, die Vereinten Nationen schließen auch über eine Woche nach der Flutkatastrophe in Südasien nicht aus ...

... und davor Jean Paul zusammen mit Sasha: „I'm still in love with you." Gleich zehn vor drei, Fritz B hier, jetzt mit Christina Aguilera und Missy Elliot: „Carwash" ...

10.40 Uhr. Und das Wetter von Berlin und Brandenburg: die Temperaturen zur Stunde sechs bis neun Grad, bis zum Abend stark bewölkt ...

15.35 Uhr. Inforadio. Wirtschaft und Börse kompakt.

2 5

Hier ist die Praxis von Dr. Glas. Unsere Sprechzeit ist Montag, Dienstag und Donnerstag von 9 bis 13 Uhr und 17 bis 19 Uhr. Am Mittwoch von 8 bis 12 Uhr. Freitag von 9 bis 14 Uhr. Am Samstag haben wir keine Sprechstunde. Vielen Dank für Ihren Anruf.

5 1

\+ Haben Sie einen Termin frei?
– Geht es am Freitag um 9.30 Uhr?
\+ Ja, das geht.

\+ Gehen wir am Freitag ins Kino?
– Am Freitagabend kann ich leider nicht, aber am Samstag.

\+ Können Sie am Freitag um halb zehn?
– Ja, das ist gut.

\+ Treffen wir uns am Montag um acht?
– Um acht geht es leider nicht, aber um neun.

5 2

Düsseldorf – Tübingen – Dortmund – Dresden – Timmendorf – Dessau

5 4

Entschuldigung, aber ich hatte keine Uhr!
Entschuldigen Sie, ich komme zu spät. Mein Zug hatte Verspätung.
Tut mir leid, mein Auto war kaputt.
Tut mir leid, ich habe den Termin vergessen.

Ü 3

1. – Entschuldigung, wie spät ist es?
   \+ Es ist jetzt zwanzig nach vier.
2. Warte – ich notiere den Termin. Morgen Nachmittag, um halb drei.
3. Es ist neun Uhr.
4. Beim nächsten Ton ist es sieben Uhr, vier Minuten und dreißig Sekunden.
5. Achtung am Gleis drei! Intercity Express 10 65 aus Hamburg nach München, planmäßige Abfahrt 17.26 Uhr, wird heute voraussichtlich zehn Minuten später eintreffen. Ich wiederhole: der ICE 10 65 hat voraussichtlich zehn Minuten Verspätung!
6. 14.28 Uhr, WDR 3, Radiodienst. Meldungen über Verkehrsstörungen liegen uns nicht vor.

Ü 7

+ Praxis Dr. Glas.
– Albertini, ich hätte gern einen Termin.
+ Waren Sie schon einmal hier?
– Äh, nein.
+ Welche Krankenkasse haben Sie?
– Die AOK. Wann geht es denn?
+ Moment, nächste Woche Montag, um 9.30 Uhr?
– Hm, da kann ich nicht. Geht es auch um 15 Uhr?
– Ja, das geht auch. Also, am Montag um 15 Uhr. Auf Wiederhören.
+ Auf Wiederhören.

6 Orientierung

1 3

Ich heiße Marco Sommer und bin Verlagskaufmann. Ich wohne in Gohlis und arbeite bei der Leipziger Volkszeitung im Verlagshaus am Peterssteinweg. Ich fahre *die fünf Kilometer* mit dem Rad. Ich brauche eine Viertelstunde.

Ich bin Monica Ventura und wohne in Markkleeberg, *im Süden von Leipzig*. Ich arbeite bei der Commerzbank am Thomaskirchplatz. Ich fahre zehn Minuten mit der Straßenbahn.

Ich bin Birgit Schäfer und wohne in Schkeuditz. *Das ist westlich von Leipzig*. Ich arbeite bei ALDI am Leipziger Hauptbahnhof. Ich fahre eine halbe Stunde mit dem Zug.

Ich heiße Alexander Novak und wohne in Grünau. Ich arbeite in einer Buchhandlung im Stadtzentrum. Ich brauche im Stadtverkehr 20 Minuten mit dem Auto. *Aber es ist oft Stau.*

3 4

Paul: Paula, wo ist denn bloß der Autoschlüssel?
Paula: Keine Ahnung ...! Vielleicht neben dem Telefon?
Paul: Und wo sind die Theaterkarten? Vor dem Fernseher?
Paula: Ja, genau! Paul, wo ist denn nur die Brille?
Paul: Schau mal in der Handtasche nach!
Paula: Und wo ist die Handtasche?
Paul: Auf dem Sofa!

4 1

Erstes Telefonat
– Hallo, Herr Sommer, hier Peter Rosner.
+ Guten Tag, Herr Rosner!
– Können wir uns im Dezember noch zu einer Beratung treffen?
+ Ja, sicher. Wann geht es bei Ihnen?
– Gleich am Montag, am 27.12. um neun Uhr?
+ Tut mir Leid, da hab' ich schon einen Termin. Aber am Dienstag, am 28. um neun Uhr geht es bei mir.
– Prima, das geht bei mir auch.
+ Okay, dann bis zum 28.!
– Danke, bis dann!

4 2

Zweites Telefonat
– Hallo Herr Sommer, hier Wenske.
+ Hallo Frau Wenske!
– Herr Sommer, wir müssen den Termin für das Interview mit dem Oberbürgermeister am 30.12. verschieben. Geht es bei Ihnen am 29. um 10.30 Uhr?
+ Ja, das ist okay.
– Prima, dann streichen wir den Termin am 30.12. und machen das Interview mit dem OB am 29.12., 10.30 Uhr.
+ Alles klar, auf Wiederhören!
– Dankeschön, auf Wiederhören!

Ü 5

+ Entschuldigung, wo ist die Cafeteria?
– In der 4. Etage rechts.
+ Wo sind die Toiletten, bitte?
– Gleich hier rechts.
+ In welcher Etage ist die Personalabteilung?
– Die Personalabteilung? Moment, ... in der 4. Etage links.
+ Entschuldigung, wo finde ich das Sekretariat?
– Hier im Erdgeschoss links.
+ Wo ist bitte das Zimmer von Herrn Dr. Sprenger?
– Das ist das Zimmer Nr. 21, in der zweiten Etage links.
+ Entschuldigung, wo ist das Büro von Frau Stein?
– Frau Stein hat das Zimmer Nr. 32 in der dritten Etage rechts.

Ü 8

Dialog 1
+ Praxis Dr. Glas.
– Martens, guten Morgen. Ich hätte gern einen Termin.
+ Wann geht es denn?
– Am Donnerstag um acht Uhr?
+ Hm, da geht es leider nicht. Geht es am Mittwoch um 9.30 Uhr?
– Nein, da kann ich nicht. Da muss ich arbeiten.
+ Hm, Moment, am Dienstag um elf Uhr?
– Ja, das ist okay.

Dialog 2
+ Praxis Dr. Glas.
– Hier ist Wagner. Ich habe heute um 9.45 Uhr einen Termin, aber ich stehe leider im Stau. Ich bin erst um elf in Frankfurt. Kann ich da noch kommen?
+ Ja, das geht.

Dialog 3
+ Praxis Dr. Glas.
– Seidel, guten Morgen. Ich hätte gern heute einen Termin.
+ Guten Morgen, Frau Seidel. Heute um Viertel vor zehn geht es.
– Schön, vielen Dank.

Bildquellen

© altro, S. 85 – akg: © Otto Dix / VG-Bild-Kunst, S. 41 (unten) – © Bildagentur Huber: Leimer, S. 44 (a) – © Cinetext/Disney, S. 87 (links) – © Corbis: S. 38 (oben links, Mitte links), S. 41 (3), Antrobus S. 52 (5); Fotografia Inc., S. 52 (1); Fratelli Studio, S. 93 (b); Gipstein, S. 70 (unten links); Prinz, S. 38 (Mitte rechts); Reuters, S. 42 (unten) – © Cornelsen: Bayerlein, S. 72; Corel-Library, S. 21, S. 34 (unten rechts), S. 35 (1), S. 44 (b, c, d, e), S. 45 (oben links, unten), S. 52 (4), S. 70 (oben rechts); Funk, S. 6 (3. von oben), S. 8 (e), S. 14 (Mitte links), S. 28, S. 37, S. 58 (b), S. 80 (unten 1., 2. und 3. von links), S. 83 (f, unten), S. 91, S. 98, S. 99 (unten), S. 100, S. 104, S. 118; Hansen, S. 41 (1, 2), S. 74 (rechts), S. 75, S. 80 (unten 2., 5. von links), S. 81 (unten), S. 93 (Mitte), S. 103; Kämpf, S. 59 (e); King & Queen, S. 74 (links); Klein und Halm, U1 (unten); Loncà, S. 12 (unten); Lücking, S. 70 (unten rechts), S. 92 (1, 3, 4, 5); Martin, S. 76 (links); Schulz, S. 4 (1. 2. 3. von oben, 1. von unten), S. 6 (3. von unten), S. 8 (i), S. 15 (oben), S. 16, S. 18, S. 30, S. 34 (oben 1. und 2. von links), S. 36 (Mitte), S. 50 (unten), S. 65, S. 82 (d), S. 86 (oben), S. 88, S. 93 (unten), S. 95, S. 101, S. 102, S. 106; Werner, S. 67 (d) – © euroregio Rhein-Maas, S. 56 – © Fotex: Wandmacher, S. 6 (2. von unten) – © France Telecom: Grosjean, S. 9 (c); Saxe, S.26 – © Getty Images: Clements, S. 14 (Mitte rechts); de Lossy, S. 11 – © Goethe Institut, S. 13, S. 36 (oben) – © illuscope, S. 6 (1. von oben), S. 38 (unten rechts), S. 58 (d) – © Mauritius: S. 36 (unten); Age, S. 66, S. 67 (c); Amengual, S. 92 (2); Beck, S. 105 (unten links); Buffington, S. 69; Ducatez, S. 68 (unten links); Gibbord, S. 51 (Mitte); Gilsdorf, S. 34 (Mitte links, unten links), S. 86 (unten); Haag + Kropp, S. 52 (3); Hermann, S. 6 (unten); Kerscher, S. 59 (c); Ley, S. 54 (rechts); Mader, S. 80 (c); Nebe, S. 9 (j); Pele, S. 82 (b); Raga, S. 80 (b); Ripoll, S. 4 (2. von unten), S. 82 (a); Shoot, S. 90; Stock 4B, S. 34 (oben 2. von rechts); Torrelló, S. 54 (oben); Weinhäupl, S. 34 (unten 2. von links); Ypps, S. 38 (unten links) – Picture-Alliance: © dpa: Fotoreport, S. 42 (oben), S. 52 (2), S. 54 (links); © ZB-Fotoreport: Lander, S. 93 (c) – © Plainpicture, S. 34 (unten 2. von rechts) – © punctum, S. 81 (oben) – © Schapowalow: Commet, S. 76 (rechts) – © Schiller Gymnasium: Pirna, S. 51 (oben) – © SNCF, S. 4 (4. von oben), S. 50 (oben) – © Stockfood: Zabert Sandmann Verlag, S. 93 (a) – © Superbild: Phanie, U1 (oben) – © Transglobe: Chederros, S. 49; Mollenhauer, S. 8 (d); Hüttermann, S. 14 (oben), S. 34 (oben 1. von rechts) – © ullstein bild: S. 4 (3. von unten), S. 67 (a, e); AP, S. 34 (Mitte rechts); Ausserhofer, S. 8 (h); Becker & Bredel, S. 14 (unten); BE & W, S. 48; Caro / Bastian, S. 107, Caro/Blume, S. 24, Caro/Jandke, S. 67 (f), Caro/Ruffer, S. 9 (f), Caro/Sorge, S. 80 (d), Caro/Westermann, S. 41 (4), S. 92 (6); Chybiak, S. 8 (b); Eckel, S. 12 (VW), S. 105 (unten Mitte); Gläser, S. 80 (a); Joker/Hick, S. 82 (c); KPA/Weber, S. 68 (oben links); Kranichphoto, S. 9 (k); Laible, S. 68 (oben rechts); Lange, S. 99 (oben), S. 105 (unten rechts); Michaelis, S. 105 (oben); Mittenzwei, S. 68 (unten rechts); Müller-Stauffenberg, S. 8 (a); Röhrbein, S. 67 (b); Sawatzki, S. 83 (e); Seitz, S. 6 (2. von oben); Schöning, S. 58 (a); Thielker, S. 46 – © Zefa: S. 38 (oben rechts), S. 93 (d)

Nicht alle Copyrightinhaber konnten ermittelt werden; deren Urheberrechte werden hiermit vorsorglich und ausdrücklich anerkannt.

Auf dieser CD für die Lerner finden Sie alle Hörtexte zum Übungsteil.

Inhalt